中国传统村落
三晋经典

王修筑 李凯文 马文平 著

山西出版传媒集团　山西人民出版社

图书在版编目（CIP）数据

中国传统村落三晋经典 / 王修筑，李凯文，马文平著. -- 太原：山西人民出版社，2019.8
ISBN 978-7-203-10835-1

Ⅰ.①中… Ⅱ.①王… ②李… ③马… Ⅲ.①村落—介绍—山西 Ⅳ.①K922.5

中国版本图书馆CIP数据核字（2019）第088515号

中国传统村落三晋经典

著　　者：	王修筑　李凯文　马文平
责任编辑：	樊　中　张慧兵
复　　审：	刘小玲
终　　审：	阎卫斌
装帧设计：	张慧兵
出 版 者：	山西出版传媒集团·山西人民出版社
地　　址：	太原市建设南路21号
邮　　编：	030012
发行营销：	0351-4922220　4955996　4956039　4922127（传真）
天猫官网：	https://sxrmcbs.tmall.com　电话：0351-4922159
E—mail：	sxskcb@163.com　发行部
	sxskcb@126.com　总编室
网　　址：	www.sxskcb.com
经 销 者：	山西出版传媒集团·山西人民出版社
承 印 厂：	山西臣功印业有限公司
开　　本：	787mm×1092mm　1/16
印　　张：	30
字　　数：	420千字
印　　数：	1—1500册
版　　次：	2019年8月　第1版
印　　次：	2019年8月　第1次印刷
书　　号：	ISBN 978-7-203-10835-1
定　　价：	198.00元

如有印装质量问题请与本社联系调换

目录

大同市

朔州市

序	1
得胜堡村	2
西蕉山村	10
新平堡村	16
许堡村	24
觉山村	28
水磨口村	32
神溪村	38
助马堡村	42
殷家庄村	46
旧广武村	54
破虎堡村	60
王化庄村	64
青钟村	68
七墩村	72

忻州市

老牛湾村	78
王化沟村	86
罗圈堡村	90

太原市

店头村	98
青龙村	104
程家峪村	112

阳泉市

小河村	118
大宋村	124
娘子关村	130
上董寨村	138
下董寨村	146
官沟村	154
大阳泉村	160

晋中市

后沟村	168
车辋村	176
相立村	182
西源祠村	188
梁村	194
大寨村	202
谷恋村	208
南庄村	216
张壁村	220
西南沟村	228
长岭村	234
北岩村	240

长治市

岳家寨村	248
虹霓村	256
奥治村	262
豆峪村	268
东庄村	274
白杨坡村	280

晋城市

拦车村	288
天井关村	294
苏庄村	300
良户村	308
皇城村	316
郭峪村	322
西文兴村	328
湘峪村	336
冶底村	342
石淙头村	348

吕梁市

张家塔村	356
贾家庄村	362
李家山村	368
西湾村	374
后冯家沟村	380
兴隆湾村	384
曹家塔村	388
三交村	392

临汾市

丁村	400
陶寺村	408
西中黄村	414
许村	418
师家沟村	422

运城市

光村	428
泉掌村	436
南堡村	444
西庄村	448
北阳城村	452
马跑泉村	458
阎景村	462

序

王修筑

　　山西是中华民族文明发祥地之一，是文化底蕴深厚的文化大省，其中传统村落的分量不在少数。自2012年12月20日住建部公布了第一批中国传统村落名单，到2018年12月10日第五批名录的公布，山西共入选了545个传统村落，成为入选较多的省份，进一步证实了山西古代遗存的数量和质量。

选点采访

　　面对丰富的传统村落资源，全部记录和拍摄撰写，那是一个相当大的工程。而且在村与村的对比中，其中雷同接近的地方也不少，因此有选择性地入书，是科学合理的方式。选择具有典型代表意义的村落进行采访是首要任务。但仔细研究过山西省"中国传统村落"名录（1~4批）后我们犯了难。各市的入选数量不太平衡，有的市只有4个，有的市竟高达100多个。根据多年对传统村落的关注以及一些相关人员的看法，我们尽量选择能表现山西特色的，又便于拍摄或有较好历史资料证实的村落进行采访。在实地采访中路过或听到有新的发现时再作调整。

　　山西的传统村落从长城脚下到黄河岸边，再到太行山下，从遥远的历史中走来的陶寺、丁村，到唐宋元明清各朝代留下的村名村址以及一些可考的故事及实物、民俗民风，抗战、解放战争的内容，都成为传统村落的元素。有许多古代名声大振的村子，至今仍然是一方水土的"领导者"。有的却远居深山上百年乃至几百年不被人识，至今居民还没有脱离那种接近原始状态的日出而作日落而息的生活方式。只是黄土地上的耕牛越来越少了，有些被认为不适宜人类居住的、条件极其艰苦的山庄窝铺的村民被整体搬迁，原来留下的泥土房，在几年内就随着自然的风吹雨淋，化作了一堆堆的遗址，断壁残垣成为一些老村的符号。村中的野草老树是这些老村的陪伴者。有些石头垒砌的村舍，经历了时光的洗礼后依然在原地顽强地保持着自己的形态。有的已经无人居住或几乎被人们遗忘的村落，也在我们这四批中国传统村落的名单中。它们除了无声的图片可以看看，其他的就恐怕很难寻找了。尽管如此，这为数不多的传统村落也得选入书中。其实在山西这片土地上具有传统村落代表意义的还有很多很多，只是它们还没有被列入名录当中。随着后续传统村落名单的公布，一些有价值的村落会依次进入保护的行列。

　　在这次选点调查中，我们发现不少未被列入"中国传统村落"名录的老村子也搞得红红火火。这说明，国家保护传统村落的行动让社会的认知有了大幅度的提高。看到这些可喜的情况，我们选取村落时也就轻松了许多。

根据地理划分、时代界限，以及观赏线路具体情况，在尽可能的情况下综合考量，我们选取了75个村落，作为传统村落的形态代表。让大家从各个方面感知了解山西传统村落的目前遗存状况和传说记录中的出入变化，从而达到保护中国传统村落的目的。

现场实录

随着现代科学技术的发展，对传统村落的记录拍摄也有了更高的要求。为了更清楚准确地记录村落实景，以图片实景为据，我们购买了无人机，航拍全景照片基本上取代了原来绘制的平面图。山水、房舍、树木、道路，在航拍照片上表现得一览无余，使读者能够从布置格局以及地形等宏观方面，判断一个村子的结构及体量，配以调查研究后的文字，使本书具有了客观真实的史料价值。这在以前的书籍中是没有的，这也是本书的一大特点。

在我们记录、拍摄的传统村落中，以土石建筑物居多。这些老建筑材料，一般色彩比较单调，尤其是一些年代久远的房舍，都有不同程度的破损。在一些老村中，房舍都是以一家一户为单位建造的，一家的经济实力以及文化价值取向决定了建筑物的档次，所以，出现了建筑材料基本相同而房屋形状及装饰有很大变化的院落。这些形式不同的院落，使传统村落有了多元化文化的表述。在照片拍摄中最让人感兴趣的应该是那些豪宅大院中的砖木石雕装饰等。大户人家的高墙大院从选料到施工都有经济条件的支持，工程质量自然就会好许多，有的历经几百年仍保持完好。如柳氏民居、平遥梁村等一些老宅，仍保留着初建时的信息。虽然有野草苔藓或轻微的剥落，但这些都是组成年代记忆的必然符号。尤其是大户豪宅前的石狮子、上马石、拴马桩之类，经过长时间的风吹雨淋，以及历代人们的触摸，上面有着厚厚的包浆。这些珍贵的实物，都是历史的见证者。这些物件的形成以及使用，才真正组成了传统村落所传承的真实文化信息以及历史价值。

在传统村落的建筑物拍照记录中我们观察到，大户人家各有特色，而一般民居确实变化不大。一般民居从选料到施工基本都是以实用为主，即使有一些简单的装饰，工艺水平也不高。不论哪个村，我们尽量选择具有村情特色的院落、树木、庙宇，或者地理环境，让传统村落有时代感，有地域特色，有建筑特色，能够代表本区域的时代发展水平。无声的村落伴着人们的生活，从久远的年代走来。如今住在老村老屋的人越来越少了，这些守村人也成了传递传统村落信息的主体。也许他们在祖辈传说的记忆中能够诉说清楚一些人们关注的问题。在著名的广武村，老村民手拿树枝，蹲在地上画着几十年前广武城的老形状，并向我们讲述它久远的故事。大同得胜堡的村民坐在被拆下的大庙木柱上，述说玉皇庙在村中是高大雄伟的象征，小时候在城墙上玩耍的情景。七墩长城边上的老村民在收割场上自称他们的祖上是戍边的军人，留守屯田，逐步发展成为七墩村，就连村子的名字都是以长城上的第七个墩台而得名。可见传统村落所传一定有源头有出处，只是过去的社会文化欠发达，多处没有文字记录，仅凭口耳相传。因此在实地拍摄调查记录中，我们格外用心，尽量扩大认知范围。在具有4000多年历史的襄汾县陶寺村，几位七八十岁的老村民向我们介绍着陶寺古村的历史沿革，并领着我们去看现在保留着的几处老建筑。村民们对历史的回忆带着浓厚的乡土感情，对于消失的诸多老宅表示可惜。同时对传统村落的保护和陶寺旅游文化景区的开发抱有期望。但村中隆隆的机器声和满地堆放的建筑材料，让村中具有800年历史的关帝庙，也不得不同崭新的建筑为邻了。这种新老相伴的现象，在我们的现场拍摄中已经成为一个普遍现象。有些还离得相当近或者互相依靠着，从镜头中取景都无法避开，以致形成老建筑、复原保护建筑和新建筑共同记录的情况。这种情况很符合客观的时代演进和发展，因为那些土木砖石结构的老房子，尤其是土木结构本来就有物质的本身寿命期限，一些老砖房的下半部受潮后，剥落得只剩下很薄的一层，木架梁也有很多腐朽，这些都应该划入危房的范围。而修复增建又没有地方去找原始的材料，就只好仿制一些建筑材料来补修了。这也是传承保护的重要部分，有些村子搞得还是相当不错的。

在对一些承载传统文化的老建筑物遗存保护及复建修补上，我们发现老建筑物究竟古老到什么程度已经被列入次要，重要的是这种建筑物的形式以及建筑物的所在位置和它自身所能代表的文化信息，因为这才是真正支撑传统文化的内核。所以，许多村子都按照规划或自己的理解修补、粉刷、绘制，或复建了一些已消失的物体，形成了部分老物新装的现象。这些新装用不了几年也就会在日晒风吹雨淋中穿上旧装了。这种文化信息的传递仔细想来也是比较实用而有效的。但不管材料的变化如何，至少保留了形制的面貌。在近一年的拍摄采访中，我们兵分三路交叉拍摄，反复记录，有的村子因季节的关系在不同时间段就去了三四次。从村落、村情、民俗、民风等各方面客观记录，总体记录了超过100个村落（包括名录之外的），拍摄了近10万张数码照片，行程在3万公里以上，真是掌握了不少第一手材料，可以有图可说，有故事可讲了。

认识、累积

山西传统村落中所能表述的信息，除了直观的建筑实物外，还有那些曾经居住过的村民和有关住户。村中也有许多属于公共财产部分，如庙宇、广场、仓库等。也就是说建筑物、环境、村民以及村中的文化活动、民风、民俗，共同组成了历史传承下来的传统村落。我们图片记录下的具象内容已呈现出不同时代、不同区域的丰富多彩。但这些老建筑不可移动部分之外的可移动部分也有着诸多变化。老宅院庙宇中有许多有文字符号的载体，比如石碑上的文字记载，建筑物上的砖刻、石刻、对联，许多就有不同程度的损毁或移动，以致这些有价值的记载也发生了文不对位的现象。太行山下的虹霓村，村中有唐代的明慧禅师石塔，建造相当精良。在这深山老村中，是举世有名的文物，随之而存的历代石碑也不在少数。但这些数量不少的石碑，有的不知去向，目前还能看到的几十通石碑，躺在村西一座老庙院的房基中，成了名贵的大石条砌块。我们费力地辨别着，试图从这些露在墙外的石碑之中找些有用的信息，但因这些石碑的年代不同、用途不同，文字大小以及字体的差别，尤其是残破程度的不同，所以在短时间之内确实难以找出一条主线，或一段让人惊喜的文字。尽管这样，我们还是有了很大的收获。这些残碑，也是先辈们采石磨碑刻文的历史文化行为见证。在一些传统村落中，石碑记载的文字信息被当作他们的根源或有关的佐证。物是人非，谁能说清呢。在历史渊源的考证中，只要有文字记载，我们几乎都作为参考资料，然后再据实加以验证。吕梁山过去由于交通不便，有许多发了财的人家为了更安全和安逸，便在深山老沟中盖起了院落，进而发展成为村庄。有的村子的时代并不很久远，他们与外界交往也并不很多，所以历史的记载也就很少。但这些年代不算久远的老房舍及院落保存尚好，虽然年轻人外出打工，奔向了现代城市，但对目前的乡村旅游发展以及民俗文化的传承而言，这些老村子还是有着相当好的利用价值。尤其是山西省内的公路建设，村村通油路、通电信，使得这里有了便于人们生活的新条件。当地政府和村委会也对传统村落保护有了良好的认知，挂牌、修路、整理，使得原来散落的一些有价值的院落能够接待游客参观和研究了。

在一些人口较多的村子中，大部分都有自己的民俗文化活动。有的前些年人口外迁，村子冷清了，活动也就搞不起来了。现在政府对一些传统村落有了好政策，并有了文化上的指导，村中逢年过节的文化活动得以恢复。在我们实地采访中，就遇见过几次村中唱大戏、闹红火的场景。让传统村落有活力，就需要更多的人参与活动。村民们听惯了的乡音、民乐，是他们的精神食粮。创造新的也许有难度，拾起来老的也有一定的难度，这主要是社会文化发展中诸多因素的影响。在本书中，我们对于那些动态的文化活动，以及语言方面的表述，只能用文字形容记录了。

在人物活动方面，我们在沟通记录中大部分乡民都问有所答。但由于所处环境及文化视角的不同，能够反映历史渊源的并不是很多。大多数人能讲一些老村故事，或提供一些有关线索，这些也让我们了解了许多小范围的情况，并对一些个性十分明显的建筑或物件有了进一步的了解。让我们在撰写、搜集、采访过程中，对一些老资料的介绍和目前所见情况的发展变化有了清楚的对比和认识。在这里，用此一时彼一时来形容倒是再恰当不过了。我们所见所闻所感，在图文的配合上力争表达清楚，而且所说事物让大家到现场能够看得到。文字一律采用通俗语言，这也是我们对于这本书撰写方法的要求。

序

共同守望

  时代的进步不以人的意志为转移，但时代留给人们的财富，原则上说会随着时间的推移减少或消亡，这是一个不可逆转的事实，因而保护传统村落得到了社会高度重视。在我的名片上，印有"民族文化传承守望者"几个小字。曾有记者问是否王老师有些自夸了，我告诉他们，我们5000年的历史文化极其深厚，但目前的文化遗存却不尽如人意。自然的坍塌损毁、战争的破坏、人为的盗取，以及现代使用需求的拆除，造成国家文化遗产的不断减少。这需要我们全民树立一个良好的意识。保护传承祖宗留下的遗产，许多人忙得顾不上或没想到。我主动站出来去传承、守望属于自己民族血脉中的物产乃至文化信息，这是在给自己加担子。我传承和守望的是我们民族的共同财富，这应该是我们大家共同完成的任务。面对祖业，我们都应该是传承守望者才对。我们这样努力地去守都守不住，不去守望的话，那就更无法想象了。国家成立传统村落保护中心，这是对我们赖以生存的基础进行传承。实际上文化保护意义远大于一般的居住意义。一个几百或上千年形成的文化载体，传统村落所反映和承载的是我们的祖辈们辛勤劳动和智慧的结晶。这里更多的是生存的实用环境，是一方水土养一方人的实物见证，即使是游客偶尔看个稀罕，那也是自己知识面的扩大。一个国家，一个民族，一定要支撑自己文化发展的根脉。我们的历史发展就是由一次次进步的发展的过程而演进过来的，我们的传承正是要知道其来龙去脉，能够讲清楚自己民族的故事。这正是一个文明古国所必须具备的条件。

  党的十九大指出，要推动中华优秀传统文化创造性转化、创新性发展。从有5000年历史的文明古国，向富强民主文明和谐美丽的社会主义现代化强国迈进，这需要有更多的文化基础支持。山西拥有这么多的有特色的传统村落，这是我们不可多得的物质财富和精神财富。我们要努力而合理地去传承地方文化信息，使我们讲故事有内容，研究有实物，寻根有地点，游玩有去处。大家要形成保护传统村落的共识，共同经营我们脚下的这方水土，让山西的文化事业得以发扬光大。大家生活在既有古老村落的陪伴，又有现代文化信息传递的文明社会中，至少会获得意想不到的知识，增加生活的乐趣，鼓舞我们向更高的目标迈进。其实这些都应该源于一代代垒砌的文化根基。我们看了不少，也许想得就多了些。希望有更多的人能积极地加入保护守望的行列，让山西传统村落更有魅力。

2018年12月

山西省省辖市,中国首批24个国家历史文化名城之一、中国九大古都之一、国家新能源示范城市、中国优秀旅游城市、国家园林城市、全国双拥模范城市、全国性交通枢纽城市、中国雕塑之都、中国十佳运动休闲城市。

大同市

得胜堡村

入选第三批中国传统村落名录。

得胜堡村隶属于山西省大同市新荣区堡子湾乡，距市区四十公里。

得胜口 声名远播在这片荒凉的大地上近500个年头了。当时得胜口周边军队镇守布防指挥部就设在得胜堡，它是明长城大同镇重要关隘。得胜口明初始建，同时在关口南建有得胜堡。得胜堡自古为连接晋北与内蒙古的主要通道，地理位置十分重要。该堡先为土筑，明万历二年（1574）砖包，城周"三里四分，高三丈八尺"。关门外嵌有一匾额，阴刻楷书"保障"二大字，并署有"万历丙午岁秋旦立"。关门里亦有一匾额，阴刻楷书"得胜"二大字。门洞内东、西侧墙壁各嵌有石碑一块，西墙碑风化严重，字不可辨；东墙碑字迹清晰完整，为明万历三十五年（1607）八月扩

得胜堡东墙

修得胜堡记事碑。得胜堡是一个集边关屯兵、防守、民间马匹贸易、商贸检验、民居生活的边关重镇，是得胜口一带军事政治指挥中心。在最繁华时，得胜堡内驻兵达2960多人。

得胜堡不是一个孤立的军事设施，而是由得胜堡、镇羌堡、四城堡三个城堡和其北面的长城与得胜口关组成得胜口群堡严密的防御体系。

登上门楼，放眼望去，四边堡墙轮廓完整，墙体规整。墙外田野辽阔，墙内房舍成片。一条大街从南门向北延伸，穿过一座砖砌墩台，台下有门洞，台上曾建玉皇阁。

得胜堡正门"保障"二字

玉皇阁的底层（图①）四面门洞，每面都有两个字：东面“护国”（图②），南面“雄藩”（图③），西面“保民”（图④），北面“镇朔”（图⑤）。

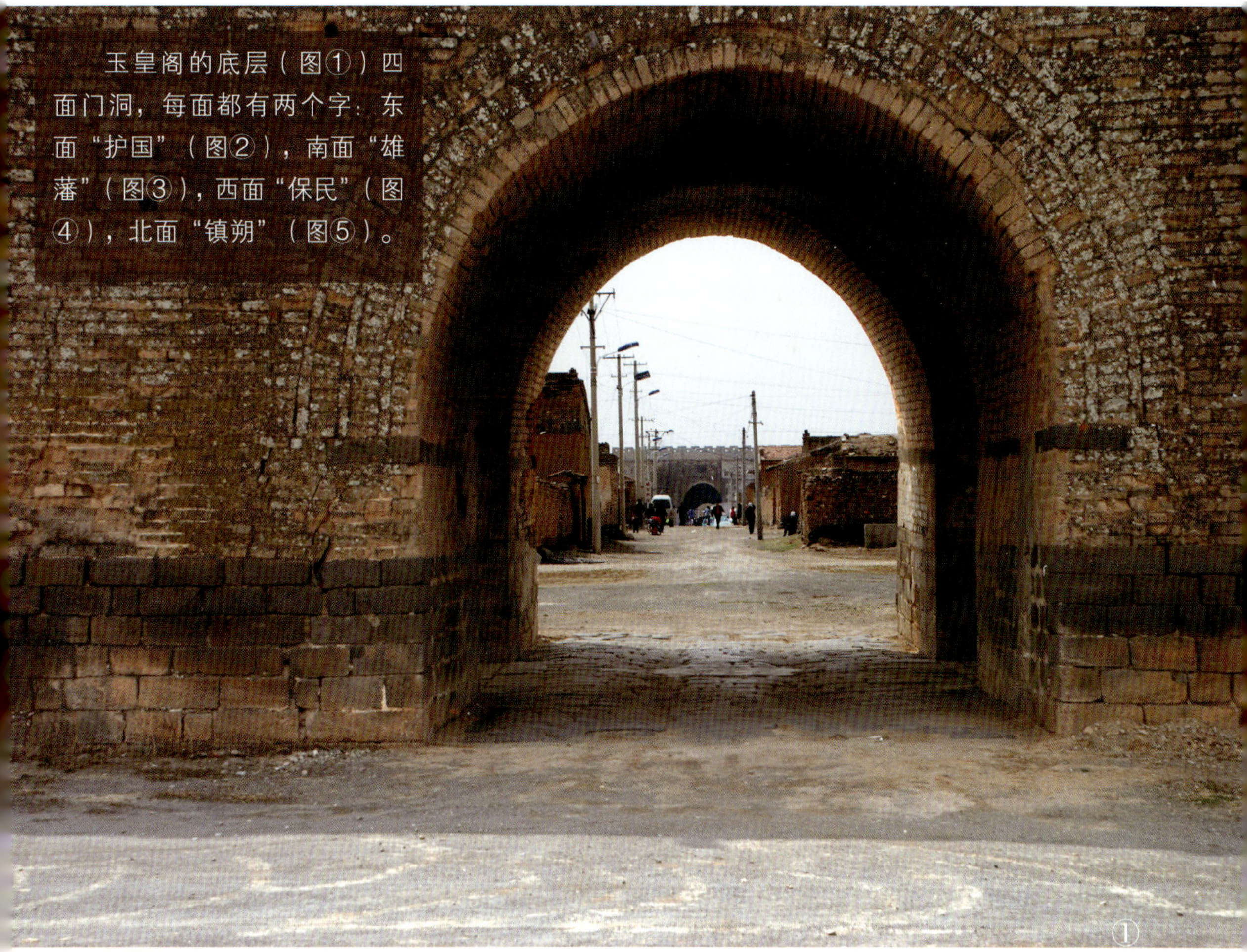

①

②

③

④

⑤

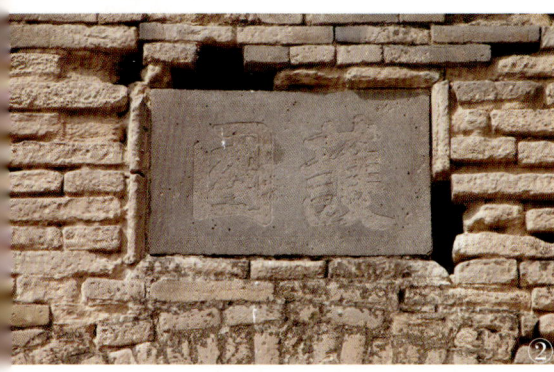

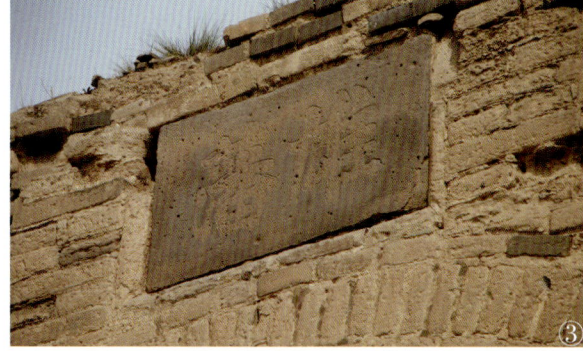

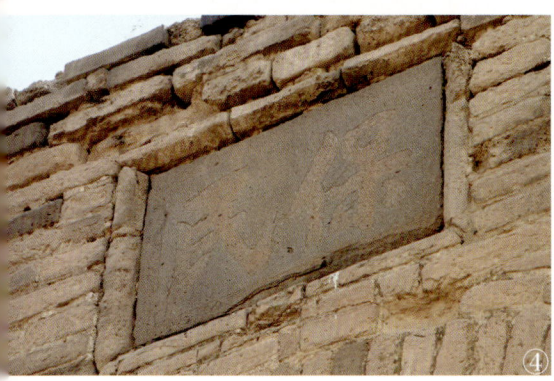

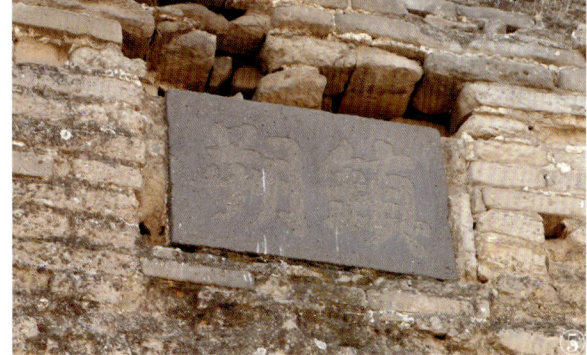

得胜堡远眺

得胜堡南门为万历年间扩修时所开，门外原有瓮城，瓮城向东开门。出瓮城为月城，月城向南开门，南城阁建在月城门楼之上。

得胜堡城门外的瓮城现在仍然高大雄伟，山西大同通往内蒙古呼和浩特的国家级主干线公路由此口通过。

游客们看惯了北京八达岭山上长城的完整和雄伟，再来看看这平川大漠风沙打磨过的重镇边关要隘：

夏季清风凉爽，黄土城墙，绿草地，雨润万物，堡中古旧尽诗意。
冬季古道寒冽，雄关镇川，苍穹下，雪盖田野，边塞一线入画中。

堡门旁存放的石碾

城门上的排水口

大同市

城门洞内明代石碑被刷上了油漆，写上了毛主席语录

堡门上插旗杆的石础

农家端午节小挂件

老油布和炕围子画

虽无羌笛为你伴奏，却有得胜锣鼓迎送。黄土高原上边塞文化除了数不尽的苍凉和野趣，更有一番战胜严冬的暖意和温情。过去你想步行周游这一片边塞古城堡，至少得半天的时间。现在政府修建的"村村通"乡村公路，已通到了各个堡子里。在古堡的周围也有了新修的旅游公路相连，给游客提供了极大的方便。

得胜锣鼓

古堡节庆活动

西蕉山村

入选第四批中国传统村落名录。

西蕉山村隶属于山西省大同市广灵县蕉山乡,位于广灵县县城东五公里,是蕉山乡人民政府所在地。

航拍西蕉山村全貌

西蕉山村 位于山西省大同市广灵县城东5公里处,是蕉山乡人民政府所在地。相传古时该村北山自燃起火,山焦草稀,后于山脚下建村,名焦山村。后来焦山又草木繁盛,因认为"焦"含不祥之意,故改称蕉山村。始建于元代的西蕉山村因元统治者对汉人进行野蛮征服,凶残的践踏、名目繁多的苛捐杂税使农民倾家荡产,流离失所,一度成了荒芜的空村。明初洪武年间朱元璋开始从洪洞向全国移民垦荒,王姓始祖王彦成和王彦海,就是明代由洪洞县迁居西蕉山村的。兄弟两人开耕田地、娶妻生子,一代代繁衍生息。明清两代,不少王姓后人走出西蕉山,有外出做官的,有做生意发家致富的,之后开始在家乡修建房屋,留下了这些弥漫着古朴气息的明清院落建筑群。这些明清古建筑群还上榜第五批山西省重点文物保护单位。

弥漫着古朴气息的明清院落建筑群

新房与旧屋的完美结合

古屋老路　　　　　　　　　　　　　　　　村落民居

行走在西蕉山村中，总会引发一些感慨。门楼巍峨耸峙的老屋与简单实用的新房相融、厚厚的黄土墙伴着小径把思绪引入深巷……一点一滴都饱含着诸多文化元素和文化信息。

村落主街道上的房屋充满时代感

大同市

据主人讲,祖上经营着车马店,门大是为了方便车马出入

这些遗落在黄土地上的传统村落民居对称大方,门窗上的木雕精美吉祥,静静地表达着曾经的辉煌

图①②③④砖雕

照壁上砖雕的蝙蝠、寿星、梅花鹿虽有残缺，但依然表达着千家万户对福、寿、禄美好生活的向往。门头门楣上那些或"福"或"贵"或祥兽或瑞草的砖雕，弥漫着古朴吉祥之气。漫步在西蕉山村中，给人一种空灵的感觉和穿越时空的错觉。

大同市

古井

保存完好的古戏台

新平堡村

入选第一批中国传统村落名录。

新平堡村隶属于山西省大同市天镇县新平堡镇,距天镇县城三十公里,是新平堡镇政府所在地。

新平堡村 距离大同市天镇县城30公里,地处晋、冀、蒙三省(区)交界处,素有"鸡鸣一声闻三省"之称。

进入山西最北端的天镇县,向北眺望,边塞风光尽收眼底。号称"九边十一镇"的天镇长城像一条巨龙,飞腾在塞上崇山峻岭之间。因地处坦途要地,历朝历代在新平堡镇建有大规模军事设施。新平堡因军而起,自古为兵家必争之地,明代隶属九边重镇大同,因与蒙古部落战争频繁,修长城、筑堡障,设新平路参将。目前境内存留有赵、汉、北魏、明四代长城近50公里,其中以明长城为多,保存较好,居全省前列,有边墙军堡、边墩、烽墩、敌台、控军台、炮台等。新平堡曾经是此地重镇,"先有新平堡,后有天镇城"这句话是新平堡人颇为骄傲的口头禅。据《天镇县志》载,明嘉靖二十五年(1546),新平堡守备驻军近千人,守边18里,边墩26座,烽火台16座。新平堡村筑于明嘉靖二十五年(1546),隆庆六

年（1572）增修。周长3000米，高9米，设北、东两门。北称新远门，东称拱化门，城门上均置关楼。新平堡因商而盛，历史上有发达的商贸业，为晋北"晋商故里"。明隆庆四年（1570），被确定为国家级蒙汉马匹交易市场。如今，每逢农历五月十八举办物资交流大会，邻近三省区商客纷至，群众云集，杂以戏剧、杂耍等娱乐活动，购销两旺，热闹非凡。

村内布局以主道十字街式并分布南北纵横十六小街。即人们常说的四通八达。这是典型的长城城堡布局，它既方便于出行，又考虑到军事作战的需要。北、东街主要为商号店铺，西街为守备府第。

湛蓝天空、苍凉边关、古朴长城、宁静老院，置身其中，不禁遥想当年战马嘶鸣，烽烟熏染。新平堡的边塞文化，又兼有四百余年对北方少数民族的贸易史，使其成为中原文化和北方少数民族文化融合的传统村落之一。

玉皇阁鸟瞰图

镇虏门

明万历二十一年（1593）修建的玉皇阁也叫镇边楼，是新平堡最高的建筑，也是新平堡标志性建筑。阁高15.8米，乾隆年间重修时铸百斤重铜玉帝像一座，置于三层。泥塑彩绘玉皇大帝像立于二层。

在玉皇阁上看新平堡北门（镇虏门），这是新平堡仅存的一处城门标志。从镇虏门到玉皇阁依次有兴隆昌、永和成、中原永等十几家铺面。永和成铺面三间，后面为宅院，明清时期主营布匹。

宽阔通畅的小巷

玉皇阁底部为石基砖碹十字形过街道路

尽管经过了几百年的风雨，难免多处年久失修，有的甚至因破败或被拆建而面目全非，但是在一些细节中仍然展示着一种令人无限遐想的繁华，仍然散发着一种动人心魄的审美力量。秋日里缓缓穿行在新平堡大量的古民居之间，如同走进了一条岁月抹杀不了的历史长河。

位于堡中心的玉皇阁，为明代建筑中不可多得的精品。明代在边镇中央建阁，意在祈求天帝保佑平安。玉皇阁战时可以充当瞭望、中心指挥部，同时也供奉安定军民心灵的神像。

站在玉皇阁的二层，暖暖的朝阳洒在身上，一转身发现自己的身影和民居的影子静静地印在斑驳的老墙上，好似阳光要把你带进那时的繁荣与兴盛。现在新平堡的北街仍是商贸一条街；玉皇阁下为十字相交的道路，至今仍是车水马龙的交通要道。道路两边各种商铺林立，只能服务于本地居民了，昔日的繁华已渐渐远去。但走在北大街上，仍然能让人感受到古村曾经的繁荣。

老房子上袅袅炊烟

在古代,新平堡因与北方草原游牧民族相接壤,历史地位极为重要,历代为战略要地,守边军人很多,同时也是历代的贸易重镇。居民来自五湖四海,在这个村庄中姓氏达80多个。

走进新平堡,我们远离了都市的喧嚣烦恼,在宁静中感受古老文明,感受天空湛蓝、阳光灿烂,感受经历了两千多年风雨洗礼的塞北边塞古村的厚土炊烟。

大门外的少年把历史轻轻叩响

深巷高墙老院

农家小院里写满了丰收

新平堡村现存马芳府邸一处。该府邸是一户保存较为完好的古民居建筑，从大门一进去是一堵影壁，上面的砖雕十分精致。主人孙氏，他说现在住的房子是他祖爷爷买的原明朝参将（新平堡最高军事长官）的住宅。院落原是总兵府，方向坐北朝南，大门居中，迎面为影壁，壁前东西两侧二门各通一进四合院，均为瓦作单坡式建筑。其中大门、影壁较为独特。大门作硬山式顶。山墙槫头为砖雕装饰，上层为水漫金山寺，中层福、禄、寿三星宴乐图，下层为对称式五级须弥座刻花，中刻异兽。影壁高3.5米，顶部迭道出椽，三踩单翘，头栱五朵，并饰如意花。两侧下出莲花柱，置花框，内作鸟形图，壁身四角作抹角吉祥花，内有舞狮，中心圆内砖雕松竹梅兰、小桥流水、骑马的官人、抱琴的随从，造型独特逼真，栩栩如生，实为民居建筑中少有的佳品。该建筑与普通北方民居布局有所差别，在传统意义上北方民间四合院院落呈南北向依中轴线分布，大门是根据阴阳八卦的道理设在"乾"位，即院子的东南角。

匠心独具的明代总兵马芳府邸大门砖雕

马芳府邸大门古色古香

马总兵，名芳，明朝将领，字德馨，蔚州（今河北蔚县）人。据《明史》记载：10岁为蒙古俺答汗部所掠，事放牧。后乘狩猎之机，潜投大同总兵周尚文帐下，为队长。嘉靖二十九年（1550）起任新平堡参将，期间多次与俺答汗部交战，"大小百十接，身披数十创，以少击众，未尝不大捷"。嘉靖三十一年（1552）春，俺答侵入新平堡，马芳率部从新平堡出哨石嘴山，俺答军追来，马芳率300余骑直捣俺答营。马芳右手中箭，坐骑被流矢所伤，仍用左手力斩俺答先锋，毁其帐幕。俺答军尾追近新平堡，马芳又奋起冲入敌阵，连斩其首领3级，杀伤甚众，俺答引兵败退。嘉靖三十六年（1557）任蓟州镇副总兵，寨建昌（今河北迁安东北）。次年，从总兵欧阳安在界岭口（今青龙东南）击退十万骑蒙古土蛮部。嘉靖四十年（1561），率部一昼夜急驰至山西，与俺答部七战七捷，为左都督，升总兵，直至武一品大员左都督。明史称赞马芳威名震边陲，为当朝边帅之冠。万历元年（1573）复镇宣府，后以疾归乡。

玉皇阁壁画

据当地居民介绍，现存的府邸是马芳的一个附属府邸。真正的总兵府在这个宅子的西边，于20世纪70年代被拆除。这个宅子是明嘉靖年间所建，是一套四合院。现已一分为二，为两家所有。大门迎面的精美砖雕影壁已被现在主人孙氏用彩钢及卷闸包裹起来，据其讲是为了保护影壁免受风雨侵蚀。

鸟瞰明总兵马芳府邸

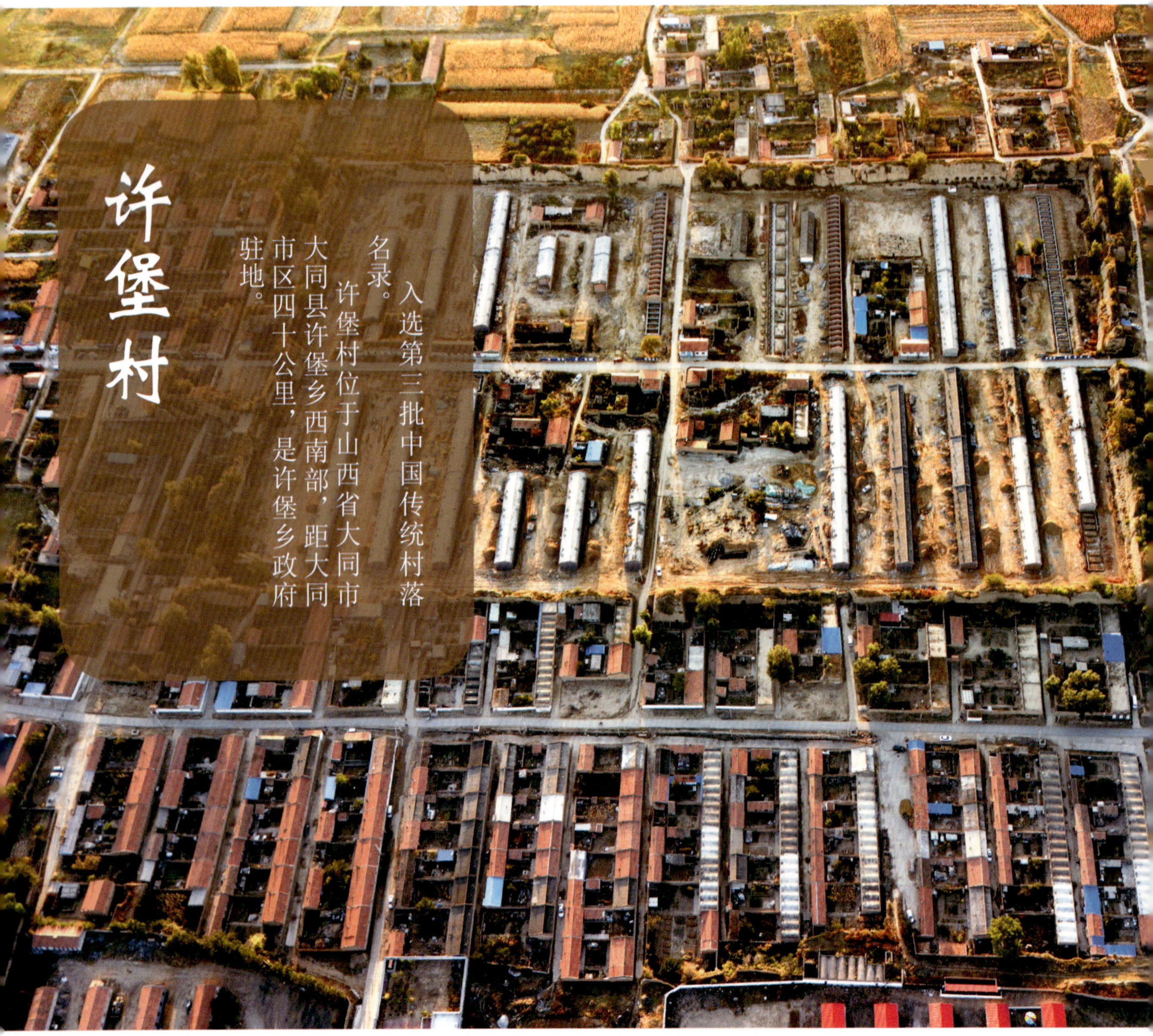

许堡村

入选第三批中国传统村落名录。

许堡村位于山西省大同市大同县许堡乡西南部,距大同市区四十公里,是许堡乡政府驻地。

许堡村瓮城东门

高大厚重的许堡堡墙

大同市

许堡村南门

许堡村 是大同市最早的城镇之一。大同城邑是由赵武灵王开拓筑建，而在有大同城邑之前的100年，曾有一个平邑县，是赵献侯十三年建的，当时属代郡。平邑县所在地就是许堡，可见许堡作为城邑已有2400多年的历史了。

许堡明代时称为许家庄堡，一直有土筑的城堡。到了明代中期，屡遭瓦剌、鞑靼的骚扰，由于许堡地处交通要道，是大同镇通往京城的必经之地，统治者便在许堡等地设兵戍守。明嘉靖三十年(1551)许家庄村改为许家庄堡，是因为占用许家庄村，故改建后的堡名为许家庄堡。当时的村民以许、郭、赵、谢四大姓为主。万历二十七年（1599）至万历二十九年（1601）城墙修建完毕。城墙南北长418米，东西宽280.6米，设有瓮城，占地面积为180.8亩。古堡向南开正门，城头有石铭"许家庄堡"四个字。修建城墙后的许家庄堡成为明王朝长城的配套工程，是明朝防御体系的一部分。城墙周长1500米，南北长于东西，呈长方形。当时，城墙高12米，夯土墙体外层包以砖石。

许堡乡许堡村存有夯土城墙，城堡大门保存完好，拱门上方的砖雕依稀可见。走进许堡村时，那个标志性的刻有"许家庄堡"四个字的堡门便映入眼帘，整个城堡苍劲雄浑。

走在许堡古城墙下，仿佛徜徉在几百年的历史长河之中，体验那种空旷、静穆的美。

25

城堡门洞

残破的墙,不倒的门和窗

堡内民居

现村民基本在堡外居住,以窑洞为主。许堡居民以种植谷黍、玉米为主,黄花、绿豆等经济作物是农民的主要收入来源。坐在谷堆前的老人安静祥和,忙碌的人们是为了明天的美好生活,干完农活的乡亲们聚在堡子口打几把扑克甩出阵阵快乐……

世世代代住在城堡里的村民们,对每天出门都会看到的土城墙习以为常,也从没有觉得这有什么稀罕。古堡墙轮廓基本完整,但为了出入方便,堡墙被拆开许多豁口。如今站在古堡旁,凝视那裸露的墙体断壁残垣……依然可见当年的气势。

古堡窑房屋檐下有福、禄、祯、祥字样的砖雕,砖碹门窗上的雕花精细吉祥

大同市

屋前谷堆

民居大院

觉山村

入选第一批中国传统村落名录。

觉山村隶属于山西省大同市灵丘县红石塄乡，地处灵丘县城南十公里处的觉山山腰，四周群山环抱，唐河自西北而东南奔腾于隘门峡谷之中。

被高山环抱的觉山村和觉山寺

大同市

觉山村 隶属于山西省大同市灵丘县红石塄乡，村中有著名的觉山寺。觉山寺被高山环抱，寺内古柏森森，景色宜人。寺内砖塔虽经元、明两代多次地震，至今仍巍然屹立。塔高13层，平面呈八角形，密檐实心砖砌。塔内有八角形塔室，中心有八角形塔心柱。底层可攀登。内有木雕卧佛一尊，四壁有壁画。塔座周围有砖雕歌舞伎，是辽代砖雕艺术的珍品。现存庙宇多为清代重修，整个村落古风盎然，文化底蕴深厚，是旅游观光的绝佳去处。

寺内白塔始建于北魏太和七年（483），经辽代大安六年（1090）重修。白塔为砖构八角密檐式，塔身下置须弥座二层。第一层束腰置24个壶门，门内、门间浮雕舞伎、力士及狻猊（suan ni，龙的第五个儿子），栩栩如生。二层置斗拱，上承平座栏板，平座上以三层仰莲承托主体，安定优雅。主体共13层。第一层置四门四窗，其中二门四窗为假雕装饰。塔室内置八角中柱，构成回廊。廊面现存62平方米辽代壁画，艺术精湛。上十二层均为实心，逐层收分，整个白塔饱满雄浑。塔顶为攒尖塔，上置天球、仰月、铁刹。古塔堪称我国古代建筑的杰作。

农家院

刚收获的黍子

中国传统村落　三晋经典

觉山寺依偎在觉山村旁

古寺的辉煌，觉山村的沧桑

绿树掩映清代的老屋

清代的老屋

"坚持婚姻自主，禁止包办买卖婚姻"，土墙上写着的黑字应该已有多年。这是《中华人民共和国婚姻法总则》第三条的内容

汽车在秋日的山谷里忽快忽慢地跑着。秋高气爽，窗外的山景让人心旷神怡，大家都惊叹大自然的鬼斧神工。峰回路转眼前出现一座秀丽的寺庙——觉山寺。觉山村就依偎在寺院旁，资料上说觉山村全村人口41户91人，退耕还林3亩，耕地面积338亩，粮食面积157.3亩。转了一圈，满共碰见的村民没超过20人。

水磨口村

入选第三批中国传统村落名录。

水磨口村隶属于山西省大同市天镇县谷前堡镇，距离县城十二公里。曾是明朝时大同镇所管辖的七十二城堡之一，是边防驻军的营垒。

村民门口放着一块不知哪年的《水磨口交界碑》

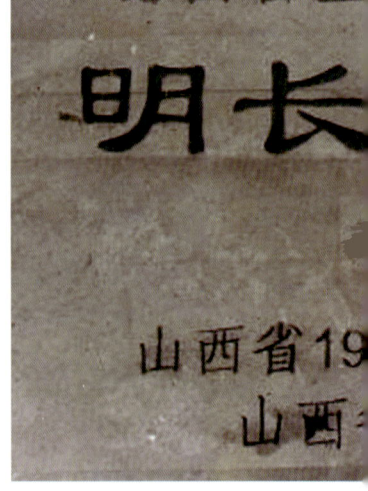

大同市

水磨口村像一部未被现代深度研读的古书

水磨口村 隶属于山西省大同市天镇县谷前堡镇。天镇县历来为"边疆极要之地"。在冷兵器时代，长城为边防安定、开发屯田、护卫商旅平安起到了巨大作用。由于战事需要，逐步形成和长城相匹配的城堡、烽、台相连的防御体系。车过大梁山隧道，不时可见沿着山脚蜿蜒起伏的长城和烽火台。一阵风过，卷起黄土尘烟，金戈铁马，气吞万里如虎的豪迈顿时充满空间……水磨口村就是明朝时为了防止蒙古骑兵穿过山谷，在这里修的一个屯兵堡，名为镇口堡。它是明朝大同镇所管辖的72城堡之一，是边防驻军的营垒。该段长城从阳高县十九墩村界进入，依山脚东来进入水磨口、六墩、榆林口等，转北到达李二口。古代内长城的关口称为"关"，如平型关、雁门关等。外长城的关口称为"口"，如水磨口、白羊口等。那些叫"口"的地方既是出入长城的通道，又是防御要地。

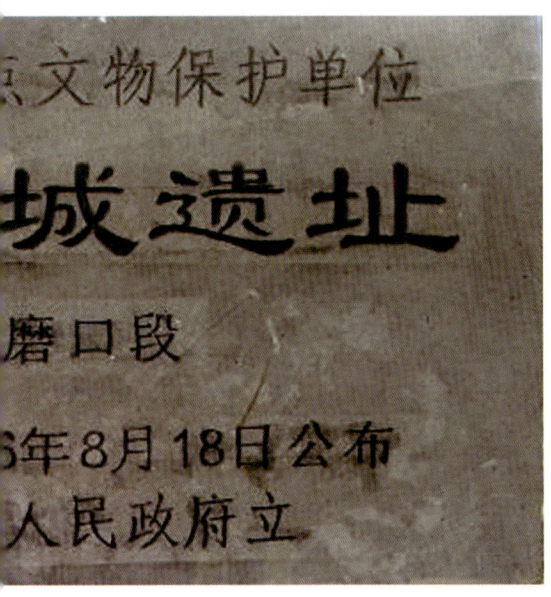

村子北面的山脚下明长城遗址石碑

村内古道上骑着摩托车的年轻人呼啸而过

世事变迁，曾经驻守边城的守军将士后裔耕地种田，在长城边上生活了一年又一年

骡子套车在长城边上走了一年又一年，水磨口分销店门柱上的青砖被进进出出的车辆蹭得棱角全无，阳光下的街巷斑驳悠远，骑着摩托车的少年把城隍庙甩出几百年。

古村落中的院落大门像一位饱经沧桑的老人，沧桑中显示着曾经的不凡，粗犷中透露着精细，人来人往中静看世事变迁。

阴山下，长城边，这里的土豆是菜也是饭。秋收结束，土豆收完，人们把小土豆挑拣。你帮他挑，我帮你铲。欢声笑语间，土豆变成泥状等待晒干，然后变成水磨口老百姓餐桌上的粉和面。

村里的老人指着五道庙说：无论在人间还是在阴间都要做好事不做坏事，五道将军知晓你的一切，他是"把关"决定灵魂轮回去向的冥王。

水磨口传统村落就像一部未被现代人深度研读的古书。正午阳光下的村庄光影忽明忽暗地洒在身上，感受光阴数百年如一日地在这村庄中踱出的乡愁，慢悠悠且悄无声息，让人一下子回归到一种久违的慢生活状态中。空气中浸润着羊粪和青草的气味，潮潮的，浓浓的。这是一处可凭吊千古兴亡、朝代盛衰的地方，也是可以感受到长城雄险壮观、烽堠相连古朴沧桑的地方。

大门紧闭的水磨口分销店门柱被进进出出车辆蹭得棱角全无,无声地告诉我们这里曾经热闹非凡

水磨口村的民居

村民相互帮忙把土豆打碎做粉面

准备打粉的小土豆

古村小巷

驴车上哼着小调的赶车人悠闲地行走在古村的光影里,你可会想到这里曾是金戈铁马的屯兵堡

大福庙对面的龙王庙戏台

村里大院的好处多得说不完

古村石道

鸟瞰大福庙

龙王庙中残存的壁画,据看庙的老人讲已有600多年的历史

　　水磨口村在天镇县是个大村子,拥有众多的人口。村庄古朴沧桑,村外长城绵延,墩台林立,村内整体布局呈十字形,也是四大街八小巷。作为军屯,村落也有军事防御功能,小巷特别狭窄,四条街巷可通村外。民居的外窗就像一个望口,砖木结构,小而厚实。这样的布局是典型的长城边上的戍堡。屋檐下已残破的条幅,展示着沧桑的古村里举办过国际艺术展。大福庙整个建筑是一座四合院。这是明代的庙宇,依然保持着旧有的格局和面貌。庙中有三官殿、龙王殿、娘娘殿等,每一殿就是一座庙。龙王殿里斑驳的壁画讲述的故事好像发生在几百年前,大福庙对面的戏台静静地等候着春祈秋报时酬神大戏的上演。

神溪村

入选第三批中国传统村落名录。

神溪村隶属于山西省大同市浑源县永安镇,距离县城三公里;自然形成若干美丽湖泊;古民居院落相对集中,形制有三进院和跨院、单体四合院等。

神溪村全貌

祠庙西南设拱门,上刻"律吕神祠"

神泉涌溢、池水荡漾、孤立高耸、别具一格的律吕神祠

神溪村 有历史悠久的律吕神祠、凤山书院、关帝庙、明清古民居、古戏台等众多人文历史景观，拥有面积达3000多亩的原生态自然景观神溪湿地公园和因势就形自然形成的若干美丽湖泊；有非物质文化遗产《浑源铸钟》《浑源故事》。律吕神祠属全国重点文物保护单位。这里一个个水库接二连三、大小不一，波光粼粼，遍布池塘、蒲苇、游鱼，岸边垂柳浓浓。不时远处草丛中传来青蛙的鸣叫声，悠远而绵长；有水鸟悠闲自在地在水中嬉戏，在芦苇间飞翔，好一派水乡风光。

神溪村古民居是典型的明清建筑。考证为清代曾任浙江布政使的神溪村人陈庭栋晚年所建。十多个院落，依地势呈轴线整齐布局。

神溪村村东南有历史悠久的"律吕神祠"。据《浑源州志》记载，律吕神祠建于北魏，元世祖至元六年（1269）重修，明宪宗成化年间又修。距今已有1500多年的历史了。据说古代神溪村后有一个方圆五里的小山，因山形如凤凰，名为凤凰山，海拔1160米，距浑源县城4公里。山下有碧泉数处，为浑河的源头之一。当地人习惯地又将凤凰山称为神溪山。凤凰山南，有一块占地一亩大小的孤石，高约三丈多。孤石四周，神泉涌溢、池水荡漾，林木掩映，花果飘香。就在这块孤石顶上，建有一座祠庙，孤立高耸、兀然挺拔、庄严肃穆、别具一格，且周围环境优美。孤石之阳有一泉，垒石聚水成湖，名"神德湖"。环祠流水潺潺，登律吕神祠高处，鸟鸣愈显祠静山幽。清风徐来，白云悠悠，只觉尘世已远。现存遗迹上的建筑，是元代重建的。

大同市

立于律吕神祠门口的"全国重点文物保护单位"石碑

神溪村关帝庙

20世纪70年代兴建的神溪水库

神溪村古戏台

农家炕上的午餐

　　1970年兴建库容量为208万立方米的神溪水库，1971年竣工。建成后控制上游流域面积216平方千米，泄洪量为244立方米/秒。同时修建了有效灌溉面积为5.05万亩的神溪电灌站，管理机构设神溪水库管理处。

　　站在半山，穿过残破的土窑门洞，看见明清建筑的屋顶此起彼伏就像汹涌大水滚滚向前，其实绝大多数院落里已没有人烟。街边的照壁写满岁月的痕迹，过往的村民表情安静，小巷里砖雕的门脸儿繁琐而细腻。

　　明清古民居怀抱中的古戏台建在关帝庙对面，戏台上帝王将相指点江山、才子佳人争奇斗艳，既敬了关老爷，又让全村百姓满心喜欢！

大同市

山坡上满眼的窑洞已无人居住，远处是1970年兴建的神溪水库

透过残破的黄土门洞感受神溪宁静空灵

助马堡村

入选第四批中国传统村落名录。

助马堡村隶属于大同市新荣区郭家窑乡，距离市区约六十公里。北与内蒙古接壤，是明长城山西段的著名古堡。

堡中人家

街门

助马堡村隶属于大同市新荣区郭家窑乡。大同自古为蒙汉交界、中原门户，为历代兵家必争之地。广袤的黄土丘陵地带边界无险可守，因此历史上许多朝代都曾在这里开疆扩土夯筑长城、修建城堡，屯兵戍关。位于马头山下的助马堡就是明代屯兵护边的重要城堡之一。今天的城堡早已远离了刀光剑影、战马嘶鸣、沙场征战的场景，但作为古代重要的军事防御设施，偃旗息鼓后城堡的身影依然闪动了数百年，成为人类浩瀚文明进程中的历史丰碑。远离了战争的烽火，城堡失去了原始的军事作用，然而在和平的年代，人们又忽略了它存在的历史价值和人文意义。肆意的人为破坏，让它过早地衰败成为今天这幅遍体鳞伤满目苍凉的颜貌。抚去历史的尘埃，遥望城堡残存的身影，墙体依然高大坚固，粗犷的身影如同刚毅的雕塑，可见当年夯筑工程之浩大和施工之艰辛。

古堡中居住的人口，大多是古代戍边将士的后代。数百年的历史变迁，造就了城堡中多地域人口混居、多民族血缘联姻的特殊群体。男子尚武重义、性情豪放豁达，女人勤俭耐劳、善持门户。兼容并蓄、相互融合的生活方式形成了古堡独特的民俗风情。走进城堡已经时至正午，无目标地漫步在城堡古老的街巷，残存的遗迹不时闪现。在老爷庙残断的旗杆旁，我遇到了郭继仪老人。郭继仪是唐朝汾阳王郭子仪的后代，郭氏家族从明代嘉靖年间戍边，祖祖辈辈已经在城堡中生活了数十代。郭继仪老人身着的确凉军服和军帽，言谈举止中颇有几分军人的素质。

街门是每户人家的门面，也是显示主家地位和财力的象征，同时也凝聚着主人和建造工匠们的心血和智慧。一座较为高大的门楼吸引了我的目光。青砖雕花檐头，瓦顶设脊安兽，大门两侧立有一对石鼓，门前两侧还立有旗杆的基座，门楼中央上方高悬着一块已经难以辨认的牌匾。这座功名显赫的宅院，为城堡平添了几分华丽与风采。

大户宅门

民居

石碾

明代戏台

历史的浮华烟云，早已经褪变为老人们一种浅淡的回忆，只有残留的城堡还依然闪动着清晰的影像。将士们的后人不炫耀功名、不显摆财富，世世代代居住在这里，守着祖辈生活的这片故土家园。由于历史的原因和极度贫瘠的自然条件，城堡中的人们长期生活在贫困的状态，土地贫瘠农具简陋，畜力不足劳动效率低下，坚固的城堡并没能带给他们所祈盼的希望。迫于生活的无助，出于生存的理念，他们曾因地制宜，充分利用自然改善生活和居住条件，不得已拆毁了城堡的青砖挪作他用。为解决城堡中人畜吃水的困难，20世纪80年代，已将城堡西边墙最高大的一座台墩改造成了一座简易的水塔。从去年开始，城堡原有的小学校已经迁到了4公里以外的东胜庄，从此，城堡中就再也没有学校了。

郭继仪老人陪我一同走进这所宅院。主人边振义，78岁，祖籍山东。明代万历年间边氏族人戍边来到城堡，也在这座城堡中世世代代生活了十几辈。在与边振义老人的交谈中得知，边家祖上曾取得过大学士官位。提起过去，老人顺手从身旁的大木箱中取出一个祖传的牛皮匣子，双手从中捧出同治二年清政府为他祖爷爷边瑞昌颁发的功牌……

在老人的记忆中，城堡在最兴盛的时期，居住着300多户人家，约2000人。那时街衢规整、商肆毗邻，各类大小庙宇就达26座，官府也在城堡中分别设有行政和军事两座衙门。城堡今非昔比，已无法再现当年的情形。

东门

一个家族的兴衰，可以折射出时代的风云变幻。寻访散落在边镇乡野宝贵的人文史料，对传承民族文化、记录民族历史都具有现实的意义。这座城堡从丧失原始功能的时刻起，或许就再没有受到过多的关注，众多的历史精华、民族建筑都毁灭在了时代更迭的历史黄尘之中。幸存的这些都已是面目全非。目睹城堡中所包裹的这一切，不能不引发我们许多的思古感慨。

城堡东门外的一个天然水塘边，生长着一株千年古树，逆光观看满树虬枝，大有翘首问天的昂然气魄。在残缺的东门陪衬下，如同一幅凝重的水墨画

边氏家谱

东门

城堡的南门就面向中原，是古代朝廷要员、贡使往来的必经之门，因此也是城堡中建造最奢华的城门。现存门洞中的碑刻，还隐隐约约记载着当年的浮华。重檐歇山顶式的魁星阁楼，纯木斗栱结构，上、中、下三层雕梁画栋极其精巧。三层楼阁的每个边角，分别悬挂着12盏银质风铃，微风吹过，"叮叮当当"格外动听。老人悲叹地说，这么一座精美的城楼，在1946年的一场兵祸战乱中毁灭于大火。大火还烧毁了城堡中的许多建筑，也在郭继仪年少的心中留下了深深的烙印。

殷家庄村

入选第四批中国传统村落名录。

殷家庄村隶属于山西省大同市广灵县焦山乡,距县城十七公里。地处晋东北黄土高原,东与河北省蔚县隔砂河相望,村西是恒山支脉凤凰山。

  殷家庄村地势平坦,山川秀美。村庄主体形制为堡,四边建墙。殷家庄村建村在北魏时期,殷氏居民在元代前广泛居住,故得名"殷家庄",期间并无兴盛,留于后世资料较少。自元代中后期外迁来的马氏居民逐渐繁兴,取代殷氏成为村子的最大姓氏,并在明清时期,达到了繁盛高潮。村北堡在明朝就开始兴建,嘉靖年间落成"壬丙门",古堡格局初成,至今将近500年。壬丙门高9米,宽6米,长13米,两扇堡门在清咸丰四年(1854)包铁,上镌"天下太平"四字。堡门过道均为青石铺就,经过几百年的碾压,形成两道很深的车辙,成为蔚为壮观的历史印记。有百户人家在厚重的堡墙内安静本分地生活,日出而作,日落而息,记载下晋北传统农耕生活的恬静与美丽。

  目前保存完好的古民居院落仍有80余处,多

为明末清初所建。所有建筑均为砖木结构，条石做基，青砖为体，屋顶一律铺瓦，有卷棚顶、硬山顶等样式。有的院落屋脊立兽，门楼砖雕精美，尽显北方传统建筑匠作精华。院落布局类型有连环套院、里外套院和四合院三种。其中连环套院的代表当属"七星院"。当地老人讲，"七星院"是一位姓马的富裕人家为家族修建的宅院，共有两门三院，有房舍60余间。每个院子都不是孤立存在的，当你要走完一座院落的时候，就会出现一个门洞，顺着门洞穿过去，就会发现又是一座很大的院落，各院各房通过门扉开间体现长幼尊卑。建筑格局和细节无不体现出匠心独运。七星院与商人院落完全不同，豪华中透着威严，气派中透着等级。院子都是连在一起的，所以叫作七星院九连环，座座都相通相连。

嘉靖年间落成的北堡门

咸丰四年的包铁大门

古堡门楼南北两面石板上分别雕刻着"殷家庄""北堡"几个大字和"壬丙门""大明嘉靖癸卯年始建""大清甲寅年重修"等小字。

两扇堡门上镌有"天下太平"四字。在铁门的右下角,告诉我们这两扇门是在"咸丰四年"包上了铁。

清晨的阳光洒在堡内的主街上

大同市

建于明嘉靖年间的古戏台

堡子里的豆腐坊

戏台始建于明嘉靖年间。整个建筑背南面北，飞檐翘角，台内前台和后台分隔明显，均宽大轩敞，现在主体结构基本保存完好。戏台内一面墙壁上的彩绘仍清晰可见，特别是前台四根木柱上方的兽头木雕，刀法细腻，塑形栩栩如生。除其中一只兽头丢失外，其余均保存完整。

对于每一个有传统村落情结的人，每每行走在青砖、黛瓦、雕花的屋檐下，都会有种久别重逢的熟悉感、亲切感。走在悠长的青石街巷，古老的院落、高大的堡子门、明朝的古戏台，在柔和的晨光里给人一种难以抗拒的魅力。

整个村落散发着质朴的乡土气息和浓厚的文化底蕴。逶迤行走于一排排浸透着数百年岁月的老屋内，传统村落昔日的繁华景象仿佛又在眼前。

浓浓的豆花香味儿，把我们引入了堡子里的豆腐坊，泡豆、打浆、滤浆、蒸煮、挤压……在豆腐坊内，夫妻俩一道道工序有条不紊地进行了一年又一年。对一斤豆子能出多少豆腐这样的问题不以为然，进店的老乡会告诉你他们一代一代已经吃了很多年。

精美砖雕影壁无声讲述着曾经的辉煌

七星九连环院落

木雕花大象头

七星九连环院落石雕柱础

石雕瑞兽

北堡门外的照壁把一切不祥阻挡

砖碹老城门洞

院落精美的石雕、木雕、砖雕是这些古民居的一大特点。大门口的上马石、雕花基石、木质雕花门头、兽头、雕花窗格和影壁上、烟囱上的各种砖雕，或人物或祥禽或瑞兽或鱼虫或花卉无不栩栩如生。屋顶覆瓦，垂脊吻兽齐全；门楼均为硬山顶，正脊砖雕，梁架空檩悬替，木刻雕花生动形象。柱角石群猴献寿、多财多福，门簪上镂空蝙蝠与鱼，表现了人们向往富裕生活的美好愿望。

大门上的木质雕花大象头，里院二门样式设计成官帽的样子，门上的雕花龙头，神态夸张，做工精巧细腻，寓意深远。

光影里的七星九连环院高墙

把里院二门设计成官帽状表达着主人的理想

朔州市

位于山西省西北部，1989年经国务院批准设立的省辖地级市。朔州是中国新型的以煤电为主导的能源重化工基地、中国农区最大的奶源基地和北方重要的日用陶瓷生产基地。

旧广武村

入选第三批中国传统村落名录。

旧广武村隶属于山西省朔州市山阴县张家庄乡，地处县城南四十公里的广武汉墓群南侧，是山西省现存最完整的古城之一。是历史上汉民族与北方少数民族发生战争的重要地带。

旧广武村地理区位优越，交通便利。西距朔州市区40多公里，南距雁门关仅5公里，紧邻朔广线、广梵线、G208国道和大运高速公路。村子保存着原生态的自然环境和淳朴的民风民俗，村内现有一座辽金时期的古城。

旧广武村地处山阴县城南40公里的广武汉墓群南侧，是山西省现存最完整的古城之一。它雄踞汉民族与北方少数民族发生战争的重要地带，对峙的敌楼，相望的烽火台等，构成一条坚固完整的战事防卫体系，至今仍不失当年古战场壁垒森严的战斗气势。

古城城墙的确切建筑年代，史籍无载，据有关文献佐证和现存建筑考究，始建于辽代，当时为夯筑城垣，明洪武七年（1374）包砖，清代曾做过修葺。现存城墙除外观具有明代特点外，其主体规制和构造基本为辽代故物。古城城墙周长1652米，总占地16296平方米，平面呈长方形。城墙总高8.3米，下宽5米，顶宽3.4米，外表全部砖砌，石条作基。最上沿矮墙置垛口、望洞和射孔。整个城墙共施马面16座（包括城门马面），马面紧贴墙体，雄伟稳健，尺度大小不等。城墙东、南、西三面设城门，不置北门，原城门上有门楼，在新中国成立以前和"文革"当中遭破坏。城内街道建筑布局基本保留原制。旧广武古城造型独特，别具一格，是研究辽金以及明代城池的重要实物资料。

城西北角

烽火台前广武城

西城门

远眺广武大地

雪后的旧广武城恬静安详

六郎城远眺

旧广武城南大街

朔州市

城墙上那棵老树陪伴一代代旧广武人成长

古老的门洞

农家岁月

城中十字路口的老戏台也是村民活动的小广场

旧广武城内小学校

学校内的老树年代久远

村中的老房子许多已经倒塌了,有人居住的基本保留着过去的状态,村民们也很留恋古城留存的安逸和民风民俗。这里的村民主要从事种植业,主产玉米、土豆等。村民有的外出打工,从事劳务输出,也有经营农家乐、乡村饭店的……

城西山丘上是著名的六郎城,是宋代名将杨六郎的城池。广武小学在广武城中,学校的大柳树根深叶茂。这里没有工厂和街市的喧嚣,学生读书声朗朗,空气质量也好。

朔州市

老城雪山共依景

建在汉墓上的烽火台

曾经的广武学校

自家门口好乘凉

广武汉墓群有200多座封土堆,规模宏大,这里建起了汉墓博物馆供游客参观

破虎堡村

入选第四批中国传统村落名录。

破虎堡村隶属于山西省朔州市右玉县李达窑乡，距右玉县城五十公里，北距长城一华里，过长城即是内蒙古凉城县。是明朝大同镇七十二城堡之破胡堡。

破虎堡村 隶属于朔州市右玉县李达窑乡，距右玉县城东北50公里处。北距长城0.5公里，过长城即是内蒙古凉城县。现在的右玉县李达窑乡破虎堡村即明朝大同镇七十二城堡之破胡堡，是"灭胡九堡"之一，属大同左卫道中路。大同兵备道驻扎左卫城，中路参将驻守右卫城。破虎堡地形东西窄，南北宽，北面高南面低，西面和南面是河沟。本堡建于明嘉靖二十三年（1544），万历二年（1574）砖包，周长1040米，高12.6米。大清为了民族团结把"胡"改成了"虎"。

清光绪年间，撤兵改为民堡。1961年设公社，1984年改公社为乡，2000年划为牧区归李达窑乡管辖。

据村中老人讲，堡里最早有100多户人家，因为地势偏远，现搬迁得只剩下40多户60余人，姓氏有赵、李、王、张、杨等。堡内曾经庙宇齐全，现已无存。侵华日军曾占领该堡，撤退时将堡中的庙宇浇上汽油全部放火烧毁，还殃及了许多民宅。

中国传统村落 三晋经典

城堡门楣上的砖雕字迹已不全

忙忙碌碌又一天，踏着夕阳回家吃饭

枯树老屋，天高云淡

树木掩映下的古堡田园

古井

曾经的供销社，现已成断壁残垣

村口保护长城的标语

朔州市

破虎堡的夕阳映着边关，迎风摇曳的小叶杨望不到边，这里是明长城、古堡、树林掩映中的古村田园。

堡子最大的建筑物——供销社已是面目全非，只留下"发展经济""保障供给""为人民服务"的字迹还清晰可见。

斑驳的老墙石基依然稳固

如血残阳里扬起丰收的景象

农家院落

野草断墙古堡和云海苍茫

老院新房是荒凉古堡里透出的希望

王化庄村

入选第四批中国传统村落名录。

王化庄村隶属于山西省朔州市朔城区南榆林乡,距朔州市五十公里。

朔州市

老院里堆满了红高粱，饱满的颗粒总是让人看到希望

老门老窗里的人是否安康

经岁月洗礼的神兽，静静守护着王化庄

王化庄村 位于朔州市朔城区南榆林乡正南方，东面是正峪村，西面是牛圈梁村，南面是莲花山林场。全村共有201户，主导产业是玉米和杂粮。

王化庄村一带景色优美，尤其到了夏季，视野所及，一片绿洲，风景秀美。曾有诗赞之"阴霞生远岫，阳景逐回流。蝉噪林逾静，鸟鸣山更幽"。意境高远、清新幽静，给人凉爽湿润的感觉，是夏季避暑的绝好地方。这里不仅自然景色美丽，人文历史也很丰富，有传统院落，有古老街道。现存的清代石碑，证实了它的历史。这里的村民们还延续着一些传统的生活方式以及节庆活动。塞北的风沙将一些老宅打磨得斑驳苍老，显出了老村子的顽强和坚韧。一所已经废弃的学校，一排排桌椅板凳还时常引起一些村民的回忆。随着现代社会的进步，年轻人已经走向了城市，带着大地的眷恋；传统意义上的北方小村子仍然充满活力地存在着。

雨中的王化庄

曾经的王化庄学校现已人去校空

"好好学习,天天向上"曾勉励着一代又一代的人

朔州市

古戏台

古庙遗址

柴门轻闭待人回，村妇细雨急步归。老村深巷闻犬吠，烟雨山庄满祥瑞。

雄狮默默地望了古庙几百年，从辉煌一直伴到断壁残垣，门柱上的砖雕老虎已成过眼云烟。

"好好学习，天天向上"的标语依然鲜艳，教室里的桌椅相连，姚文华透过屋顶的窟窿望着下雨的天，回忆起自己就是坐在课桌前的那个少年。

曾经的教室

村民姚文华的家

67

青钟村

入选第四批中国传统村落名录。

青钟村隶属于山西省朔州市朔城区南榆林乡，距市区五十公里。村东、南、北三面环水，南靠紫荆山，东临广武汉墓群，村北是有两千多年历史的汉代青冢王昭君墓，是个有山有水的好地方。

三面环水的村庄

鸟瞰青钟村

青钟村 土地平坦，三面环水，地理位置相当优越。全村6000多亩土地，其中水浇地占到80%。

今天的青钟村新旧对比反差很大，许多人家都盖起了新房。传统的莜麦、油葵种植和奶牛养殖业还很兴旺。在"以农为主，全面发展"的现代理念倡导下，建起了绿色产品示范基地和蔬菜大棚，既提高了农业产量，又增加了村民的经济收入。

青钟村有着丰厚的历史文化资源，村北一座占地方圆数亩，高度约十多米的封土台就是汉朝重要的历史人物王昭君的墓地，也是全国现存最大的一座。前些年，青钟村曾挖掘出一通清道光二十七年的石碑，详细记载着青钟村名的历史演变。

青钟村原名旧堡，因夏季的一派绿色而更名青庄。又因建王昭君墓而得名青冢。多年以后，村民认为"冢"字对儿孙后代很不吉利，而更改为青钟。

我们到访的当天，淅沥的秋雨迷醉了所有的画面。村里文化中心广场人民剧场的舞台上，悬挂着写有"青钟村昭君文化节"的大横幅标，周围的墙壁上彩绘着"昭君出塞"的历史故事，叙述着昭君深明大义，为实现民族和睦而将个人命运与国家命运紧密联系在一起的历史佳话。

汉元帝时，一个秋高气爽的季节，昭君怀着复杂的心情，随塞外来迎亲的队伍，浩浩荡荡从长安出发。经雁门关行走至青钟时，已是秋风萧瑟一片荒凉。王昭君听到身边烈马嘶鸣、长空雁歌，顿时心绪难平，即刻在马背上拨动琴弦，弹奏出离愁别绪的《出塞曲》。南飞的大雁听到这哀怨的琴声，竟然停止了舞动的翅膀而跌落在地上，昭君一行因在此留宿数日。昭君出塞千里迢迢，一路艰辛……她妥善化解了各种矛盾和冲突，并赢得了匈奴人的信任与爱戴。多年之后，她数次归汉不成，留下遗愿，死后在青庄村筑坟立冢。昭君对未来时光的慷慨，化成了历史上重要的往事。传统文化成语典故中"沉鱼落雁"中的落雁一词，即是出自这里。

雁门关外的一个小村庄，与历史人物王昭君有着如此密切的关系，使青钟村"昭君文化节"已连续举办五届。由此可见，《昭君出塞》本身的传奇色彩和悲剧意味，留给后人的不仅仅只是一个故事。汉代以后，文人对其格外青睐，不断对其渲染。逐渐形成文学元素齐备的一种文化现象。

寻访传统村落的过程，自然是寻找历史与现实社会意义的过程。昭君出塞和亲，汉匈两族安居乐业。两千多年来，昭君的事迹广为流传，深受民众喜爱，丰富了中华民族历史文化典籍。

朔州市

农家院

柴门老院

进村的老路

晋北传统农家正房

村民院落

农家小院绿意生

这座与王昭君有着千丝万缕联系的小村庄，村里装点着数个池塘。秋天的田野满眼的是红和黄，昭君墓就安静地守候在村庄旁。

王昭君（其一）
唐·李白
汉家秦地月，流影照明妃。
一上玉关道，天涯去不归。
汉月还从东海出，明妃西嫁无来日。
燕支长寒雪作花，蛾眉憔悴没胡沙。
生乏黄金枉图画，死留青冢使人嗟。

谒昭君墓
董必武
昭君自有千秋在，
胡汉和亲识见高。
词客各摅胸臆懑，
舞文弄墨总徒劳。

朔州市

王昭君石刻画像

村里的人民剧场

七墩村

入选第四批中国传统村落名录。

七墩村隶属于山西省朔州市平鲁区高石庄乡,距平鲁区四十五公里。七墩村四面环山,西侧紧临长城,南侧有七墩河自东向西流入清水河县。

万里长城边上黄土高原上的小村庄

七墩村 是平鲁最北端的一个村,因坐落在长城的七个墩台下而得名。七墩村四面环山,北侧五墩山,西侧白庙山,南侧营盘山,东侧曹家山。村庄西侧紧临长城,南侧有七墩河自东向西流入清水河县。清道光以前,村庄正东临河建有财神庙、关圣庙、圣母庙,史料记载"旧址临河,清流映带,亦一镇之圣地"。村庄选址符合"依山(城墙)而建,择水而居"的理念。

朔州市

这里没有筑堡,以长城为墙。位于内地与关外少数民族交界的战略要地,同时也是和平时期商品贸易的重要集散地,曾经盛极一时。这条商路由晋中→太原→忻州→雁门关→朔州→平鲁→七墩镇,过边口进入内蒙古地界分道,一路向西,一路向北,在清代非常活跃。平鲁本地商人内倚扼口靠边的地理优势,外借关南晋商日益崛起,货物进出口不断增加,内外商贸信息灵活等便利条件,以七墩镇为中心适时进行边贸活动,并逐渐沿边展开,规模渐大。外地贩运杂货的商客,往往就在七墩镇歇脚趸卖后贩货而归。

七墩村境内长城绵延数十公里,历经风雨侵蚀及人为破坏,现在仅剩残垣断壁。虽然满目疮痍,有的地方只剩下模糊的根基,甚至被风沙磨砺,但长城就像是一位褪了铠甲的老将军,在昔日的疆界依然屹立。

古村远眺

民居院落

残留的墩台

中国传统村落　三晋经典

站在关帝庙上望七墩村

老村农忙也当时

进山放羊

站在关帝庙上望七墩村，紧靠长城边上的小山村，安静得只能听到耳边的风声。众多的空窑、残破的大院，又无声地告诉你这里曾经人声鼎沸日进斗金。

收割辛苦又快乐，扫走的是寂寞，堆起的是收获，一袋一袋粮食扛回家的是一年的好生活。

老宅院

清咸丰十年重修的关帝庙

墙上的三国故事壁画

古庙壁画引人思

七墩村目前仅存清咸丰十年（1860）重修的老爷庙（关帝庙）。老爷庙坐东朝西，东庙西台，南钟北鼓。目前，钟、鼓楼及大殿残破已成墙倒瓦落之势，戏台坍塌。但风韵犹存，庙内南墙壁画保存尤为完好。梁上有黑白壁画，梁下包括"点刺颜良""汉帝封侯""活捉王忠"等三国故事壁画，将历史和故事一代代流传下来，用独特的方式延续和传承千百年来乡村的文明与教化。

忻州市

古称"秀容",简称"忻"。位于山西省中北部,北倚长城与大同、朔州为邻,西隔黄河与陕西、内蒙古相望,东临太行山与河北接壤,南屏石岭关与太原、阳泉、吕梁毗连,总面积2.515万平方千米。

老牛湾村

入选第二批中国传统村落名录。二〇一七年中国最美村镇五十强。

老牛湾村位于山西省忻州市偏关县万家寨镇，距县城五十公里，为「黄河入晋第一村」。这里的古堡、古楼、古渡口、古栈道、古庙、古村落，都让人惊叹不已。

老牛湾村 位于忻州市偏关县境内，北临内蒙古呼和浩特市清水河县，西靠内蒙古鄂尔多斯市郊区，是滔滔黄河流入山西省境内的第一个村落，由此被称为"黄河入晋第一村"。地处山西省和内蒙古自治区的交界处，以黄河为界，是一个鸡鸣三市的地方。往南是山西的偏关县，北岸是内蒙古的清水河县，西邻鄂尔多斯高原的准格尔旗。黄河从这里入晋，内外长城在这里交汇，晋陕蒙大峡谷以这里为开端，老牛湾是长城与黄河握手的地方，是中国最美的十大峡谷之一。黄河之水出河套至此拐弯流经深山峡谷奔腾南下，古长城至此逶迤东去。这里的古堡、古楼、古渡口、古栈道、古庙、古村落，都让人惊叹不已。

忻州市

河边石屋

古堡中的关帝庙

忻州市

残缺的城门洞

农家居住的石板屋

老牛湾城门洞现在被拆得见了天日，但路线形状依旧

显赫一时的老牛湾望河楼

老牛湾堡建于明崇祯九年(1535)。"兵备卢友竹建堡，堡周一百二十丈，高三丈五尺。"明成化三年(1467)总兵玉玺筑墙，东依滑石堡，西临黄河岸，距今已有500多年的历史。老牛湾境内长城绵延约8公里，结构为砖砌长城、石垒长城、夯土长城、石崖长城。老牛湾堡是明长城山西段的重要关隘，周长560多米，外墙用石块砌成，有城门洞和瓮城。内有青石板铺就的街道长300米，铺屋20多间，庙两座，还有戏楼。堡内原有守城器械16件，兵器147件，火炮8门，火筒20多件，弓箭若干。

老牛湾墩又名望河楼、护水楼，建于明万历二十五年（1597）。墩高22米，上建有垛口和楼橹。墩体正面有供士兵上下的绳体和通道。用它瞭望来自黄河的敌情，点燃狼烟向东、南两边长城传递信息，被称为"天下第一墩"。

由于地形条件的独特性，这里的石灰岩峭壁呈怪石嶙峋、犬牙交错状。长城在这里沿陡峭突兀的山峦延伸，与黄河并行向南，似两条巨龙携手飞舞。古时候，长城沿线上的军事要塞——老牛湾堡就坐落在这里。

望河楼墩好雄伟

建造精良的黄河石板房

忻州市

奇峰清波老牛湾，游船已觉天地宽

石头垒成烟囱

明代老牛湾堡石碑

历史正在书写新的篇章。随着引黄入晋工程和万家寨水电站的兴建，老牛湾变成高峡平湖。引水灌溉，种花养鱼，开发旅游，现如今，老牛湾已经成为一个集休闲、度假、养生和体验大自

石板垒成窗上美

道教老庙新壁画

然鬼斧神工的地方。老牛湾村的窑洞都是石头砌成，别有一番韵味。在景区的传统村落，几百年的窑洞到处都是，置身其中一种古朴扑面而来。

除了窑洞，老牛湾的古建筑也是特别多。家家户户的剪纸，各种古老的庙宇，都是一大特色。

老牛湾居民很分散，据说他们的祖先是明代洪武二年（1369）从山西洪洞大槐树移民而来。在这里居住的人们世代都以渔业为生。

忻州市

老窗装饰随人意

老牛湾住户人家

山环水绕气势磅礴的老牛湾

王化沟村

入选第一批中国传统村落名录。

王化沟村隶属于山西省忻州市宁武县涔山乡，距宁武县城五十公里。整个村庄建在半山腰的悬崖峭壁边，对外叫悬空村。

忻州市

木板铺成的悬空路

农村必备的老石碾

王化沟村 位于宁武县涔山乡，是一个令人惊奇的独特的村庄，海拔2300多米，群山环抱、远离尘嚣。整个村庄建立在半山腰的悬崖峭壁边，它隐在管涔山的崇山峻岭和茫茫林海中，以其独特的地理位置和富有特色的建筑而远近闻名。村庄从远处眺望好像悬在空中的楼阁，所以人们形象地称它为"悬空村"。它背靠大山，面临峡谷。村庄顺崖就势而建，房屋院落错落有致。从山脚到村庄有许多沿山势蜿蜒曲折的小路都可以进入村子。最东面还有一条用条石铺成的石阶路。村庄主要道路是一条长约一公里的"空中栈道"。用松树原木建成的栈道横贯整个村落，将村里的院落连为一体。

房屋顺山势高低错落，一字排开，坐北朝南，避风向阳。因地方狭窄，有的房屋后部坐落在崖石上，前半部则悬空而建，下面以木柱支撑着竖立在天然石壁上，与江南的吊脚楼有异曲同工之美。村东口有一座龙王庙，只有一间房子，说是庙其实里面并没有塑像，只有一眼泉水，是村民日常生活的水源。

半山民房

古村人家

忻州市

村里的房屋多以石头和当地的华北落叶松及云杉为主建造，具有明显的晋北民居特点。由于过于封闭，几百年来，王化沟村村民延续着原始古朴的生活习惯。吃的是莜面、豆面和土豆，喝的是山泉水，睡的是土炕，烧的是木柴，运输靠骡马驮运，每天日出而作，日落而息。据传说，明朝末年，崇祯皇帝四皇子的随从因躲避战乱来到这人迹罕至的大山深处，在半山腰上建起了家园，不断开枝散叶，繁衍生息至今。但也有学者认为悬空村村民系伐木工人的后代，因常年伐木而逐渐定居下来。因为历史上管涔山是华北最大的针叶林带，从元代开始就有"万木下汾河"的说法。根据《宁武县志》记载，明朝时期，在宁武县境内进行了大规模的砍伐活动，进山伐木者多达一万多人。

村内房屋因崖就势，从崖底抬头仰望，极似空中楼阁，天上人间，而要进村，则须沿着一条陡峭的山路缓缓而行。令人惊奇的是，这些山中人家大都建有小阁楼，阁楼背靠绝壁，面临深渊，游人至此，凭窗览遍万顷苍翠，依门望尽百里云海。而且由于房子盖在平地，街道都是用木柱支架在百丈绝壁上，上面再平铺木板而成路面。游人走在这种极似古栈道的街上，所感觉到的是悬空惊险。

木桥老树伴石墙

半山架路半山房

半山民房依石住

89

罗圈堡村

入选第四批中国传统村落名录。

罗圈堡村隶属于山西省忻州市河曲县楼子营镇,距河曲县城十公里,曾是明代九边重镇山西镇辖的重要边堡之一。

1999年拍摄的罗圈堡

高山引水入堡中

罗圈堡村 位于河曲县楼子营镇,是河曲明长城边口上的一个重要据点。它雄踞黄土高丘之上,北临黄河,是明代九边重镇山西镇辖的重要边堡之一。据记载:城堡始建于明弘治十七年(1504),兵使杨纶建。城堡全由青砖包彻,周围460步,高3丈5尺,正南有瓮城。官厅一座,仓厂一,草场一,守堡百户一员,旗兵一十二名,军火器八十八件。外有壕,设南门,上有楼。东连寨子,南有饮马泉沟、纸房沟,西有八墩台,是控制整个河曲东西往来的咽喉。

明代"土木之变"后,宣大山西防线防务骤紧,明政府在偏头关黄河边建义城堡,辖鲁家口以东的高岗上新增筑重要边堡罗圈堡,后与桦林堡、楼子营堡、灰沟营堡、唐家会堡、五花城堡、得马水堡、阳沔堡共同构成黄河岸边防御系统堡群,援应偏头关以西防线。明末清初,罗圈堡与桦林堡、楼子营堡、焦尾城堡成为屯粮的四大军堡。

堡中塑料地膜也适用

明朝时屯兵的堡城如今已演变成一个古老的村落。听村里老人说，早年的堡子十分完备，堡门上有完好的城门楼，晚上堡门一关，固若金汤，十分安全。

罗圈堡村在正方形布局的堡城内，南北向和东西向两条大街在村堡中心十字交叉，主干道正对堡门。民居以堡门—戏台—鲁氏祖祠为主轴线呈丰字形分布。

忻州市

堡中小庙　　　　　　　　　堡中戏台

村民用水也方便

城堡外空地如今成了农田

街道石板路

真武庙壁画

庙中的题字传统规范

罗圈堡村以牧业和农业为主，是汉蒙文化相融的典型村落。明清两朝，农牧业为主，粮食生产关系到社会稳定与民生安危。罗圈堡地处北方游牧民族与农耕文明的分界线，民风淳朴，村人秉承耕读传家的祖训，日出而作，日落而息。因地处晋北黄土高原，气候条件不好，自古十年九旱，降雨量的大小直接影响了人们的生存环境和生活质量，人们把希望寄托于"龙神"身上。至今，在罗圈堡城东南角，遗留有真武庙、龙王庙。在这样一个孤村中，规制居然如此完备，祖祠、戏台、小庙一应俱全。

古老的罗圈堡承受了历史发展的各阶段，更

忻州市

真武庙屋顶

真武庙壁画

民居木刻物件

多的是战争留下的痕迹，和古人辛勤劳动留下的宏大的城堡和村舍。那些老庙中壁画留下的图像，成为久远的佐证。它所包含的一些特殊文化信息，是值得后人学习和尊重的。

太原市

　　山西省省会，简称"并（bīng）"，别称并州，古称晋阳，也称龙城，是中国优秀旅游城市、国家历史文化名城、国家园林城市、太原都市圈核心城市，山西省政治、经济、文化、交通和国际交流中心，是一座具有4700多年历史，2500年建城史，"控带山河，踞天下之肩背""襟四塞之要冲，控五原之都邑"的历史古都。

店头村

入选第一批中国传统村落名录。

店头村隶属于山西省太原市晋源区，距太原市区十九公里，位于吕梁山支脉，风峪沟口内。背依蒙山，南面龙山，东西绵延一公里。

店头村 距市区19公里，位于吕梁山支脉，风峪沟口内，背依蒙山，南面龙山，东西绵延1公里。店头之名源于驿路旁边的驿馆店铺，以及属风峪八村头一个村子，人口、店铺居风峪之首。该村东距晋阳故城和太原县（今晋源街办）5公里，东南距晋祠风景名胜区10公里，北毗邻蒙山景区，

太原市

古戏台旁边就是风峪沙河

千年古村深处隐掩着紫竹林寺

南紧邻天龙山、龙山景区。太山龙泉寺在村域内，距村仅1公里。交通便利，区位优势独特，古树参天茂盛，群山环抱、郁郁葱葱。

群山环绕的传统村落

老树的枝干上都是传说

石屋石墙石头坡

石头院里故事多

炊烟是传统村落升起的云朵

古村深巷

光阴的故事里总有门口的那盘老磨

紫竹林寺内景

香火旺盛的紫竹林寺

从古村现存的石碹窑洞群组的结构、功能初步推测，历史上店头村曾是一个军事堡垒、屯兵之地，宋太平兴国四年（979）宋太宗毁晋阳城后，才逐步演变为村庄……因店头村地处交通要塞，渐渐成为客商的驿站，成了商业繁华之地。据史载：清光绪三年（1877），该村有500余户人家，3000余口人，店铺林立，商贾云集，号称"小太谷"。

在古村中心位置，有一座小巧玲珑、结构紧凑的底层为石碹窑洞，上层为殿堂的紫竹林寺（又名观音堂）。紫竹林寺是风峪八景之一，是一个规模不大的姑姑庵。然而麻雀虽小，五脏俱全，寺内石雕、砖雕、木雕一应俱全，至今依然香火繁盛。

村中规模较大的二层楼

遗留下的石块垒砌的门洞

二十年前这里还有人住

老窑洞通到屋顶的台阶

古村占地面积45790平方米，原有3000余间石碹窑洞，现存较完好的有460间。村里现存的古石碹窑洞群组中，二层式窑洞占90%以上，三层、四层式建筑石窑洞群有三组。走进村中，仔细观察，这些窑洞都由碗口大小的河卵石碹成，洞体隐蔽在山体内，村里人称之为地堡。这些窑洞结构奇特、设计精巧、功能多样，窑洞串联着窑洞，大窑洞套小窑洞。上下层院落间除筑石阶互通外，在窑洞内还筑有暗道连通。有的窑洞内还筑有地道，设有通风孔、瞭望孔、射击孔、采光窗、排水渠道。这些窑洞错综复杂，形成一个四通八达的地堡暗道迷宫。

老窑洞通到屋顶的台阶

户户相通的老街道

店头古民居现保存较完整的古建筑,最典型的当属紧靠紫竹林寺的郭家两个大院。屋居均采用下层用河炮石和上层用砖石结构二层阁楼式风格而建。此大院在紫竹林寺山门下排水半圆形石碹洞外以一条排水道、人行道为界,分为东、西两院。两院建筑风格相似,底层均建有四合院,院门向南,底层的主石窑洞坐北面南。主石窑洞采用厚两米有余的河卵石头砌墙,进深四米,面宽五间,高五米。窑洞的中间向南开一大门,大门的两侧各开一个像普通窑洞一样大的窗户,使窑洞宽大而明亮。主石窑洞内原为郭家的店铺,人来人往,日进斗金,甚是热闹。

店头古村为研究晋阳历史文化、军事科学以及农耕文化、生活文化等提供了一处实物资料。

村中上了年纪的老树被保护起来了

依山而建的院落台阶不宽门洞也不大

空落的老房子

建在村口山坡边上的老房子已无人居住了

青龙村

入选第三批中国传统村落名录。

青龙村隶属于山西省太原市阳曲县侯村乡，距太原市区十八公里。该村历史悠久，嘉庆年间是华北地区闻名遐迩的军事重镇、商贸集镇和农耕老镇。

青龙村 位于太原市城北18公里、阳曲县城南4公里处，坐落在太原通往大同、内蒙古的交通要道东侧。该村历史悠久，清嘉庆年间是华北地区闻名遐迩的军事重镇、商贸集镇和农耕老镇。明代万历年间（1573—1619），原居住在青蒿嘴以北两公里处王家庄（今韩寨村）的王氏先人，在生意日益红火、字号不断增多，而相对偏僻的王家庄已经不能适应经商需要的情况下，秉承"官道通，百业兴"的古训，合族迁居紧邻纵贯三晋南北千古驿道的青蒿嘴，买房置地，大兴土木，广开店铺，再图发展。历经三百余年，至清道光年间（1821—1850），青蒿嘴这个昔日的小村落，已变成形如巨龙、构建雄伟、店铺林立、客栈遍布、商贾云集、百业俱兴的商贸集镇。清道光二十三

千佛阁

古村街景

真武阁

年（1843）所修《阳曲县志》中记载"青龙镇"之时，常注"旧名青蒿嘴"，充分说明在道光初年（1821），青蒿嘴开始更名为"青龙镇"，并一直沿用至今。

自汉代以来，青龙村一直是兵家必争之地。青龙村保存有古民居建筑群、古寺，文化旅游资源丰富，有气势雄伟的古军事设施，包括汉代烽火台、明代古堡、李自成屯兵寨、地道、碉堡工事等。

青龙古镇自南向北主街道两旁店铺林立，各个行业的招牌、幌子，颜色形状不同，组成了一条多元化的民俗文化街道，呈现出了地方民俗生活的诸多方面内容，尤其是节假日还有各种形式的文艺节目表演使得古镇热闹非凡。

真武阁已成为景区入口

棂星门

古村落里的三进院

"文革"时的工农兵大礼堂

古戏台

雪中青龙村

百福砖雕墙

古老的大门

太原市

民国时期修筑的碉堡

村民还使用驴拉车送货

大户人家的院门

老四合院已被遗弃

青龙村已被开发成旅游区，这样的房子已没有几处

青龙村地处要冲，是太原前往黄寨、大盂，直通忻州、五台、大同和内蒙古等地的必经之路、咽喉要道，自古以来就是兵家必争之地。

青龙村古建筑群以王家院落为主体，建有厅堂楼院及民居，亭台楼院风格各异，木雕、砖雕、石雕设计奇巧、工艺精湛，是一处集军事文化、古建园林、神堂古道、亭台楼阁、假山地道、寺庙祠堂于一体的北方古镇建筑群。包括关帝庙、文昌祠、龙王庙、泰山庙、凤头寨、奶奶庙、圣母洞等。花园遗址是青龙村的另一特色，包括著名的静安园、慈禧住过的养和堂。

太原市

维修后的建筑

正月十五古村里熙熙攘攘的人和舞龙表

每到节假日，青龙村古街上的游客总是熙熙攘

青龙村古建众多，故而吸引了许多影视剧来这里拍摄

维修后的建筑

老门洞古风

如今的景区里经常在拍电影电视剧，你也许会遇到"八路军"和"日本鬼子"在一起吃饭的情景。如今的景区里有醋坊、蜡染坊、豆腐坊等一些手工作坊。

程家峪村

入选第四批中国传统村落名录。

程家峪村隶属于山西省太原市晋源区,距太原市区二十公里。过店头村约五百米,再向西南方大山深处前行不久,看到悬崖上边是一排排的窑洞,这就是程家峪村。

程家峪村 位于太原市晋源区,距太原市中心20公里。从旧晋祠路转太古公路直行,过店头村约五百米,沿一条蜿蜒的山路向西南方大山深处前行不久,眼前突然一亮。在如诗如画的风峪沟西南的小口子沟,大约七八十米高的山崖突兀眼前,悬崖上边是一排排的窑洞,这就是建在崖壁上的传统村落程家峪村。

据村史所言,"程家峪"在道光六年(1826)之前原名"成家谷(谷读 yù)",取自"有事必有成"之意,而且据村西南唐窟和村中唐槐推断,该村迄今已有1300年历史。村前崖壁下是一条蜿蜒于小口子沟东西向的驿道,驿道东端与风峪驿路店头段相接,西南通达天龙山石窟寺,是虎踞晋阳的历代统治者从晋阳城到天龙山石窟寺瞻礼的一条最快捷的驿道。

太原市

崖壁上一排排窑洞

站在对面看到的村落

老石窑

远远就能看到绝壁上的千年传统村落，悬壁而建，层层叠叠，错落有致，千载古境融入一片寂静。

真武庙在村西侧，是一座二层阁楼式建筑，东南角那棵古槐已有200年的树龄。按当地习俗，每年要在农历六月十六从后山佛回寺恭请龙王至真武庙，举行隆重的祈雨仪式。真武庙对面是一座较为现代的戏台。

拾级而上，弯弯曲曲，或陡或缓。这里杂树交织，松林葳蕤，行走在曲曲折折的幽径上，清新凉爽的空气沁人心脾，路旁花草香味，使人几近陶醉。

距真武庙不远处，有一棵据说已有上千年树龄的唐槐，带着斑驳的沧桑伫立在天地间，犹如忠诚的守望者，凝视着岁月的脚步从这片故土上走过。苦辣酸甜浸泡的人生百态，化作了一圈圈生命的年轮。

在清光绪年间的鼎盛时期，村子有300余户、1000余口人，后衰减至110余户、300余口人。前些年，村民整体搬迁到山外居住。

矫健有力的石雄狮守望着村落

上千年的唐槐

戏台对面的真武庙

太原市

有别于大多数人们所了解的土窑洞,这里的窑洞全部为石头依山势砌成,背靠大山,面向山崖,整体呈东西走向、坐北朝南之势,从上到下层层而建。

村口那尊建于元代的石雄狮矫健有力,经过千年岁月洗礼依然昂首守望着村落,仿佛在替代古村已迁走的乡民迎来送往……

群山环抱、青翠欲滴的程家峪古村周边90%以上的森林覆盖率,像一幅巨型的天然绿毯,把古村掩映在崇山峻岭之中。

元代石雄狮

图①②③ 断壁残垣之间草木丛生

阳泉市

山西省下辖的地级市,古称"漾泉"。位于山西省东部,是一座新兴工业城市。阳泉市北接忻州市,东隔太行山与河北省石家庄市相望,西接太原市,南邻晋中市。全境总面积4452平方公里。

小河村

入选第一批中国传统村落名录。小河村隶属于山西省阳泉市郊区义井镇,距阳泉市区四公里。山村街巷结构和许多古建筑依然保留,一派传统村落气象。

小河村 2012年被列入第一批中国传统村落名录,2003年首批被山西省人民政府命名为历史文化名村,2007年被命名为中国历史文化名村。

小河村西与阳泉市区毗邻,行4公里柏油路即可到达市中心。南距太旧高速公路平定出口8公里,北与白羊墅火车站隔河相望,307国道在村西1.5公里处通过,交通十分便捷。小河村群山环抱、依坡建村,瀑水河由南向北穿村蜿蜒而过。山势落差使小河村的建筑高低起伏、错落有致,层次分明,山村街巷结构和许多古建筑依然保留,一派传统村落气象。现存明清以及民国时期的各类建筑34630平方米,传统院落178处,

绿树掩映的村庄

石家花园大门

占地18.5公顷。其中寺庙建筑有关帝庙、观音庵等，祠堂建筑有石家祠堂、李家祠堂、窦家祠堂等，商业建筑有当铺、商铺、醋坊等，代表性的大型宅院有石家大院、李家大院、石家老院等。这些历史遗存，附带了大量的历史文化信息，反映了当时的文化辉煌和明清时期该地区的生活方式和文化特色。小河村是著名红色作家五四时期妇女运动的倡导者石评梅女士的祖籍地，山清水秀，民风朴实，素有"礼仪之邦"之称，文物古迹、文化遗产丰富。"鸡鸣了，我披起衣服起来，草草梳洗后便走出山门，想看看太阳出山时的景致。这时在烟雾弥漫中又是一番山景，我站在山峰上向四周眺望，云霞烟雾生于足下，万山罗列，如翠笋环拱，片片白云冉冉飘过，如雪雁飞翔，恍惚如梦，我为这非人间的仙境如痴如醉。天边有点淡红的色彩，渐渐扩大，又出现一道深紫的虹。这时已望见东山后放出的万道金光，这灿烂的金光中捧出一轮血红似的玛瑙珍珠似的朝阳……"这是石评梅描述在她的故乡——阳泉市小河村石家花园看日出的景象。

石家花园距今已有270年的历史，是村里最为讲究、规模最大的建筑。石家清代时曾出过三个举人，几代为官，经商有道，地位显赫。石家重视对子女的文化教育，民国十年石家首先在小河开办了"小河女子学校"，成为平定州的第一所女子学校，石评梅曾在此读书。

五四时期妇女运动的倡导者石评梅雕塑

错落有致的村内民居

阳泉市

广场上的小桥流水亭台楼阁

关帝庙前的古戏台

石家花园内错落的房屋

古村民居

　　小河村是当地较大的一个村落，坐落在群山环抱中。从远处望层层叠加的院落，看似无序，却因多条小街巷相互连通而成为一体。最具代表性的分别是石家、窦家和李家的老宅大院。

　　现在保存的有关帝庙、五道庙、古戏台。

　　围绕石评梅纪念馆，小河村又开始了大规模的建设，人工湖、假山小桥、亭台楼阁及游乐设施应有尽有……

墙上的毛主席语录留下了时代的记忆

完整优美的四合院

砖雕房角

三进院的三元堂

山坡上的独门大院

小河村房屋建筑多有特色，组成了一幅幅可观赏的建筑图，也是山西民居中的一处瑰宝。

高低错落的院子相连

阳泉市

精致的门洞造型古朴雕刻精良

普通的二进院门洞上刻有文字

几座四合院相连、结构合理使用方便

大汖村

入选第二批中国传统村落名录。

大汖村位于山西省阳泉市盂县梁家寨乡深山沟谷中,距县城六十八公里。大汖村有着五百多年的历史,是迄今盂县现存最古老的村落。

阳泉市

大汖村"立体交融式"乡土建筑

这是村中比较宽敞的院子

大汖村 2013年被列入第二批中国传统村落名录。

盂县大汖村位于山西省盂县梁家寨乡深山沟谷中，是一个古老宁静的传统村落。盂县大汖村有着500多年的历史，是迄今盂县现存最古老的村落。盂县大汖村独特风格的"立体交融式"乡土建筑，完整地保留了古老的盂县传统和民俗风情，体现了人与自然、人与山地的完美和谐。目前村里只有17口人生活，年龄最大的86岁，最小的50岁。在这里生活的老人每天洋溢着平静、自足、幸福的神情，给人以纯朴、悠闲、与世无争的美好印象。盂县大汖村依山而建的传统民居，被当地人戏谑地称为"盂县深山里的布达拉宫"。村里房屋大多由黄黏土与石头混合材料建筑，有的还是二层楼房结构，其特点是经济实惠、冬暖夏凉、造型美观，家家户户由弯曲和深浅不一的小巷相连。

中国传统村落 三晋经典

老门古道里红红火火

山村石巷中安安静静

青石黄土筑起的老屋

古村老树相伴呵护

巍巍太行山，石路铺上天，老屋依山立，古树伴云烟。神秘的大㟝村数百年的历史多不被外人所知。这里的人有顽强的生活态度，留给人们的实物就是最好的证明。

立体交融式古民居

阳泉市

年复一年，日复一日，老屋依旧，靠山吃山，风情照旧，老物件寄托的是老感情，睹物思情是人的共性，守住一方土，守住一片情，守住一份乡愁

狭窄的空间上二楼要爬楼梯

留在村里的年轻人接受了现代文化的内容

石屋老碾

远观建在半山上的村子

半山腰的房子前挂着农具

新形式仍有老传统的活动也是大氽节日的特色

一年一度的祭祀活动

羊肉土豆小米焖饭招待前来祭拜的人们

老村古树

村中的小广场上的文化活动

大汖村有明确记载的是有将近500年历史。然而村里一位老人挥着自信的手势告诉游客："村子整整1480年了，北魏时建的，与云冈石窟同年同月。"据当地文物部门调查，村子后曾有座镇山大王庙，里面供奉着7尊石像。"镇山大王"石像背后有一些磨损了的文字记载，最后的落款为"承安五年"，距今810年。又说，一尊石像记有"北魏永安二年"，距今却是1500多年历史，因此专家称，这个村落北魏时期就已存在。

传说北魏年间，有马姓一族人自南方逃难至太行深山，发现了这块"风水宝地"，便在一块巨大的山石上依山修建了家园。族长在山里发现了三叠瀑布，又见这里山光明媚水色秀丽，便以"汖"字为村庄命名。然而好景不长，每逢雨季山洪暴发，村里总有人畜伤亡、房屋倒塌发生。族长为挽救村庄，带领全家七口人走进深山寻找山神为村庄祈福。自此，族长一家人再也没有回来。后来，村民在村外的山洞中发现了七尊石像，各个栩栩如生与族长一家人极为相似。人们便将七尊石像请回村中供奉，此后村庄也得到了安宁。历经数百年，马姓家族逐渐衰落，大汖村慢慢变成了一座空寂的村庄。明朝一韩姓兄弟从洪洞县逃难至此，发现了这座空村和七尊石像，便在此安家落户，世代繁衍延续至今。如今七尊石像依然被供奉在村前山庙中，被尊奉为"镇山大王"，每逢农历七月十五，附近村庄的村民都会络绎不绝地前来祭拜。村里杀羊数只，架起大锅，用羊肉土豆小米做成的一种焖饭招待前来祭拜的人们，祈福"镇山大王"保佑风调雨顺、五谷丰收。然而大汖村的村民则更喜欢亲切地称这七尊石像为"老人家"，视他们为庇佑古村的先人。

娘子关村

入选第一批中国传统村落名录。

娘子关村隶属于山西省阳泉市平定县娘子关镇，距平定县城四十五公里。娘子关自古以来就是太行山区的一条重要通道，关于娘子关的得名有多种说法，但都与娘子有关。

南城门上有门楼，复檐悬有"天下第九关"匾额，门洞上方额书"京畿藩屏"四个大字

娘子关村 2013年被列入第二批中国传统村落名录。

娘子关村位于平定县东北部45公里处。

娘子关为战国时期中山国所建边墙的关口之一，从那时起就是我国北方地区的一条重要通道。关于娘子关的得名有多种说法，但都与娘子有关。

娘子关作为交通和军事关防，在两千多年的历史中，沉淀着厚重的史料资源。从赵长城延伸到明清的内长城，从汉朝的"董卓垒"修筑到明代的"天下第九关"，隋朝征伐劳力沿峡谷开凿岩崖石道，清光绪三十三年正太铁路全线通车，并在娘子关设车站，时至今日仍然在使用……娘子关的人文历史与建筑群落，见证了朝代更迭，诉说着各朝往事，诸多的民间习俗，延续着先祖的风情。

自隋朝大业年间开通岩崖大道始，娘子关在这条出入山西的通道上，就逐渐形成一个重要的商贸集镇。古关遗留的兴隆街，店铺、客栈、庙宇、阁楼等商业设施和古迹，依然还有古时的风貌。

娘子关不仅是战争的关隘，也是山明水秀的安居之地。这里水资源特别丰富，拥有大大小小泉眼数十处，一年四季泉涌不歇。潺潺泉水沿街道的水渠流淌，村民在自家门口就可洗衣洗菜淘米做饭。有些人家的院落中也有泉水流过，"水上人家"的农家乐，逐渐形成了特色的文化旅游资源。

太行山峡谷峭壁中的一条天然通道，凭借自然地形设置关防，逐步形成固定规模的军事防御建筑。宋元以后，古道进一步拓宽，在娘子关修建了完备的驿站，明清时期，被称为北方地区重要的商业枢纽。

一座关城，一道屏障，随着时代变迁，防御对象随之变化。军事防御的重要意义，虽已经在岁月光阴堆积、沉淀中湮没了，但留给后人许多遐想。

阳泉市

娘子关村依山而建，顺水而居

建于明代的关城

自娘子关南门起依绵山蜿蜒而上，巍峨挺拔的长城高接云天

娘子关东门比南门更显古老，墙面斑驳不平，门洞上方镶嵌"娘子关"三字，上有平台城堡，为检阅兵士和瞭望敌情之用

宿将楼上的平阳公主

城门楼上的塑像

古道上的阁楼

嵌入墙体的石碑

　　娘子关历史悠久，据记载，隋开皇时曾在此设置苇泽县。唐高祖的三女儿、唐太宗的妹妹——平阳公主，曾率娘子军在此设防、驻守，故名娘子关。

穿村而过的是一条古时称为"兴隆街"的明清古道，修建的具体年代已经无法考证了，但从那些依旧保持古风古韵的民居建筑和青石板路上的坑洼，仍能看出它久远的历史。现在老街上依然生活着居民。

南城门

村内的青石板古道

威武遒劲的老树

关帝庙对面的古戏台

阳泉市

民国时期修筑的正太铁路桥现成为公路桥，至今已有100多年历史

沿着街道旁的水渠一年四季泉涌不歇

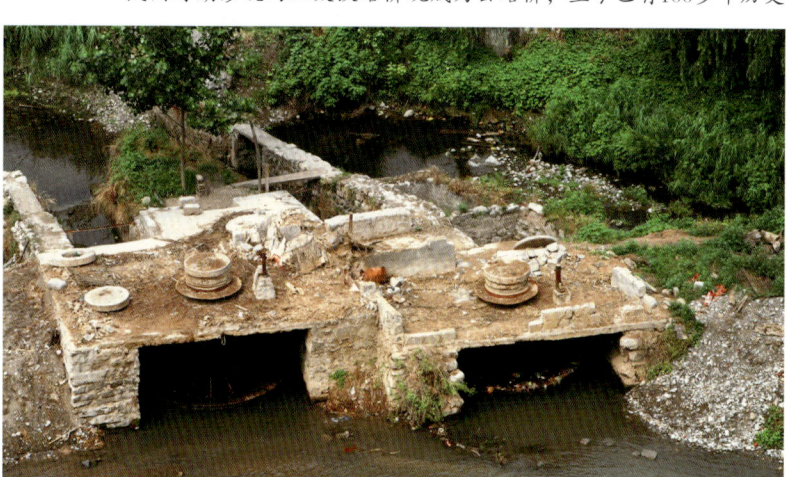

绵河里的水磨

村内泉水渠

娘子关村西阁

早晨的古村充满祥和之气

人在水上走，水在屋下流

娘子关村依山而建，顺水而居，房舍多为石头垒砌，溪水沿着墙基穿房过户。随便走进一户人家，满世界的都是水，村中的妇女各自在家门口洗衣洗菜。更有村民在自家的院中修建小桥自娱自乐，让溪水沿着院子转。头顶上葡萄架，桥边石桌石凳，夜晚有流淌的水声相伴，赏花赏月。水给了村子灵气，形成了"人在水上走，水在屋下流"的人间美景。村中的山壁处遗留有24台巨型古石磨，远远就能听到大石磨轰隆隆的响声。即使在电力普及的今天，大石磨也是日夜不停地转动。周围十里八乡的人都赶着牲口来村里磨米磨面。村中家家户户都有自制的水动石磨，加工粮食根本不用出户，更少了一份推碾转磨的辛苦。娘子关的水磨面有玉米面、豆面、小麦面以及各种杂面，以味道香甜享誉三晋，成为娘子关的一大特产。

水动石磨

阳泉市

墙上的标语充满时代印记

图①②③ 青石老街巷

绕村而过的绵河风景

老院里充满了神秘

上董寨村

入选第二批中国传统村落名录。

上董寨村隶属于山西省阳泉市平定县娘子关镇,位于太行山腹地、温河岸边,距平定县城约三十五公里。

建在一块巨石上的上董寨村

上董寨村 2013年被列为第二批"中国传统村落"。2014年被评为"山西省历史文化名村"。

上董寨村位于太行山腹地、温河岸边,平定县城东北,距县城约35公里。温河从上董寨村和下董寨村穿过,两个村的民居沿温河峭壁边缘而建,构成了一幅壮美的画卷。

据《上董寨赵氏家谱》记载,约东汉和帝永元年间(89—105),上董寨赵氏始祖赵先灵为避战乱由河北邯郸迁居于此,至今已近2000年,

历传25世，系平定县历史最为悠久的村庄之一。三国时期，东汉灵帝中平年间（184—189），并州牧董卓来到娘子关西北九公里的上董寨时，看到这里山峰像排列的刀戟，大山像大开的屏风，易守难攻，是连接并冀两州的交通要冲，便在赵家沟旁的卧龙岗派兵驻扎，修筑工事，在此建立军事设施"董卓垒"。驻守董卓垒的军兵长期定居下来，人口不断繁衍，后来便定名董寨。到了隋代，董寨向东扩展，就形成了上董寨和下董寨。明清时期，董寨系平定货物运往河北的主要通道，因而也被称为"晋门锁钥"。村落历史悠久，依托岩崖古道发展起来的商道文化，展示了完整、真实的历史遗存，见证了明清时期晋东山区村落的生活方式和文化特色。

上董寨村建于太行山脉中段温河谷地转弯处，北依卧龙岗，南望凤凰山，温河水像玉带一样由西向东蜿蜒横过，取水十分方便。那条贯穿上董寨村由青石砌筑的岩崖古道，是隋炀帝为开通横跨晋冀两州的太行山脉的商道，这是石艾（平定县）的煤炭、铁货及砂货和土特产运往冀州的主要通道。

上董寨以龙凤呈祥为雕刻主题的三门单檐歇山式大理石牌楼

石磨、古道、大户人家的房

土地爷，帘后藏

阳泉市

抚摸着老砖石墙,仿佛感觉到岁月从指尖流淌

历史的气息充满整个老街深巷

传统民居大门

秋日的暖阳天,行走在这条经过一千多年风雨冲刷的青石铺砌的岩崖古道上,脚下踩的是青石还是岁月?淡淡的花香在空气中蔓延,好像依稀听到驼铃叮当,仿佛看到商家穿梭,历史的气息充满整个老街深巷。光滑的石道显示着岁月的沧桑印痕。古街两侧古老且韵味十足的老街深巷里,藏着上百户风格各异的二进院、三合院、四合院、穿心院等明清院落。

中国传统村落 三晋经典

始建于清末民初，经过几代人的努力用了三十多年才建成的山地宅院——王家宅院

造型讲究精巧别致的垂花门楼，门垛上的立石有吉祥寓意的阳刻石雕

门墩上祥兽瑞草石刻

142

阳泉市

年代久远的水井

居民

依山傍水的王家宅院大门

　　王家大院在上董寨村西，始建于清末民国初期，经过几代人的努力用了30多年才得以完成。王家当时是平定县有名的殷实大户，其大院建筑在县域北乡独领风骚。王家大院布局巧妙，坐北朝南，依山傍水，由7所院落80多间房屋组成，占地30多亩。院中套院，门内有门，远远望去就像一座城堡，坚固美观。依山势分为上下两层。下层一次排开14孔窑洞，全为青石碹就，这些窑洞是牲畜圈栏。圈栏前是菜地，菜地前即为温河。上层从东进入城堡式大门，三座门楼整齐一线排就，每个门前都有一个影壁。第一座院落是主院，垂花门楼呈单檐斗栱式，镂空木雕彩绘造型，门楣有淡金题"寿康"二字，造型讲究，精巧别致。门墩、门垛、护墙上雕有各种吉祥图案。院内正房、耳房、厢房一应俱全，砖雕、木雕、石雕技艺精湛。

　　整个大宅地形利用巧妙，最下边有温河解决水源，其上为菜地及牲畜圈栏，地面为王家主院，主院东面是厨房和长工院，屋顶设置成晒粮食的场所。大院北面山势险峻，南面河水环绕，西靠石山为虎踞，东开大门来紫气。

143

坐落在村东北的寿圣寺十分壮观

正殿的西侧栽有一棵柏树，由于远望这棵柏树的树叶像朵朵彩云，故名云柏，树龄一千多年

照壁神龛

寿圣寺分上、下两院，据村史记载寿圣寺建于唐代贞观年间（627—649），北宋大中祥符年间（1008—1016）在原址上复修，形成今天的寺院建筑群。下院坐落于7米高的青石台基之上，占地面积约500平方米，从外面看宛如一座城堡，十分壮观。内建有正殿、南殿、东西配殿，院内古碑、雕花石柱遍布。正殿西侧有古柏一株，远望这棵柏树的树叶像朵朵云彩，故名云柏，树龄约有一千余年。

1992年，寿圣寺被平定县政府确定为县级重点文物保护单位。2013年，又被列为山西省重点文物保护单位。

上董寨的悠久如同铺在地上的石头，古老且韵味十足。走在古街上仿佛看到车马穿梭，历史的气息充满了整个秋天。

阳泉市

跨越温河的小桥依然在使用中

中国传统村落　三晋经典

下董寨村

入选中国第二批传统村落名录。

下董寨村位于山西省阳泉市平定县娘子关镇西六公里处。该村四面环山，地理位置十分险要。

阳泉市

当大地刚从薄明的晨曦中苏醒过来，初升的太阳透露出第一道光芒，清脆的锣声唤醒整个村庄……忽听一长声马嘶，狭窄的古道上飞奔而来一匹骏马，气势雄壮，四蹄生风，那强劲的马蹄砸在古道上，千年激荡……跑马排是下董寨村由历史传承至今的表演活动

下董寨村 入选中国第二批传统村落。正月十六的民俗活动"跑马排"，被列入省级非物质文化遗产名录。

下董寨村位于平定县娘子关镇西6公里处，这里是险峻地势上的奇关险寨，地理环境很独特，相传东汉时期并州牧董卓凭借这段特殊地形设关屯兵建寨。无论远观还是近视，都体现着自身独有的文化内涵和特质。站在阳井公路看对面，和公路隔河相望且平行延伸，一个完整的青石灰瓦的村落，青色的石头房子或聚或散地依偎在山的怀抱里，坐落在一块硕大无比的石头上，即一块巨石撑起了一个村。十几丈高的悬崖，陡峭直立，呈半圆形状圈围着村庄。多么险峻的自然城郭！一个石帮石底的村寨，如果没有近年里才修筑的南北相通的水泥拱桥，面对近在咫尺的村落，也难以跨越。董寨古有三道寨门，即东门、西门、北门。因村南为悬崖峭壁，龙潭天险可作天然屏障，故无须设南门。这道30余米宽，百余米深的峡谷，发源于盂县温池，汇水峪、岔口之水的温河常年从这里流过。峡谷中的青石岩由于水的冲刷，形成一道突兀奇险、绵延200多米的深涧，流水不断，其中石穴深不见底。这里的村民将这一地质奇观统称为"龙潭"。蜿蜒的河床让你立即感受到水滴石穿、柔情刻骨和汹涌澎湃……

"头顶九龙群峰立,脚踏玄武万丈崖,迎面凤凰展翅飞,龟蛇二将镇东西。"是旧时描述下董寨的民谣

正月十四家家门上挂出彩灯,村民们在年味十足的街巷中奔走,整个村寨都沉浸在欢乐热闹气氛中

阳泉市

每年正月十六惊险刺激的跑马排，世世代代传承在下董寨，如今已是名声在外，整条老街上水泄不通人山人海

深渊峡谷中的石龟嘴

岩崖口的下董寨

1997年立的下董寨村碑

呈阶梯状的村落

站在桥上俯视深渊龙潭峡谷，让人赞叹青石深沟蛟龙在蜿蜒

栅栏广场上的戏台

小桥

下董寨村西有一条南北纵向数十米深的沟壑，是北山郭家峪一带汇聚洪水流向温河的"排水道"。沟内有一高约两米的拱桥（俗称小桥），在小桥上又建了一座五米高的石碹圆拱单拱桥（俗称大桥），桥宽3米，长10余米。桥面石头砌就，两旁各有9根方形石柱夹青石护栏。柱顶呈"和尚"头，护栏两端各雕石鼓一面。拱桥门正中，南北均嵌石雕虎头一个，既为装饰，也有平安辟邪之意。该桥系贯通东西大道的必经之路，桥面石头上至今能看到车辙痕迹，映射出当年商旅古道上来往马帮的繁忙景象。

阳泉市

西阁对面是古戏台,每年五月十三,都要为关圣贺寿唱戏

下董寨村文化广场

1961年建的"业余俱乐部"

青石古街宽丈余,直贯东西。两旁分布着五十多座院落,其中各类店房、商铺就有近二十家

站在307国道和下董寨连接的大桥上看村庄

徜徉在下董寨的石头街巷,俨然历经一条时光磨砺的岁月长河

老屋老树老时光,乡村里吹出淡淡的香　　　　　　　民居小院　　　　　街道

阳泉市

世事茫茫，古桥已经荒草丛生，传说故事已被变革的狂风吹得散落在山崖。当年守关将士的后裔，随着朝代的更迭早已转换为乡民。今日的下董寨，只是属于娘子关镇的一个行政村。经历了长年累月的堆积，明清时期形成的那条蜿蜒的街巷，东起朝阳阁，西至平安阁，贯穿起了整个下董寨。

徜徉在东西长达一公里的石头街巷，俨然历经一条时光磨砺的岁月长流。

石板古街的中段建有砖石结构的二层楼，门楣上书写着五个大字：业余俱乐部。建筑物顶端的五角星下，标记着"一九六一年建"的字样，窗户的木板上隐隐约约还可看到"文革"时的墨迹。与古街两侧的店铺与民居相比，它足以呈现出当年的时尚与奢华。

"下董寨"是董氏家族祖辈沿袭而成的家乡概念，从上至下的传承结构是相对稳定的，得以固守传承至今需要一定的家族意识。董氏后人又重新修饰了祖辈传承的"董家祠堂"，使之成为村寨所有建筑物中最为耀眼的色彩。不同时代的各种建筑，都在彰显着各自的特征，构成了村寨千百年来的岁月元素。

村寨留下诸多历史演变的遗迹，直接透露出各个时代的信息。稍加梳理便可得出结论，1800年的岁月酿出的浓厚，试想如若没有了这番浓厚，家国情怀的英雄气概、"历史的荣耀"还能加冕吗？

在一户人家的大门口，拍摄到一名正在玩耍的儿童，古村寨未来的传承要靠这代"我们村里的年轻人"啦……

岁月模糊了记忆，却抹不去骨子里的深刻。历史上的下董寨人，战时守关御敌，平日务农习武，民风颇为剽悍。源于古代驿马信使向朝廷传递文书时的策马驰骋，演变成下董寨正月十六的"跑马排"民俗活动，2013年被列入省级非物质文化遗产名录。

民居过道

西街董家祠堂

坚固的老石板房

官沟村

入选第二批中国传统村落名录。

官沟村位于山西省阳泉市郊区平坦镇西三公里处。古村自然环境优美,村落布局严谨,建筑空间丰富,雕刻艺术精巧。

官沟村 位于山西省阳泉市郊区平坦镇西三公里处,北、西、南三面环山,西至辛兴村,东至赛鱼村,北至放牛脑,南至桃河。第二批中国传统村落,第三批山西省历史文化名村。境内有官沟河流过,村庄通向外界仅有一条官沟公路。东临官沟河,南北长460米,东西宽180米,总占地面积8.3公顷。大约在清康熙年间,赛鱼张氏六世张文秀迁居官沟,成为官沟张氏起源。再往上溯,发端于山西洪洞老槐树下。繁衍生息至今300余年,传14世。现有后裔300余人,占全村人口的35%左右。

古村大多数建筑建于清代中期,属于典型的北方民居建筑群,自然环境优美,村落布局严谨,建筑空间丰富,雕刻艺术精巧。主要建筑"银元山庄"(张家大院)从康熙年间开始修建,一直到20世纪二三十年代建成。它依山而建,由低到高,次第而上,随形生变,顺势而曲,逐房后移,高低错落,有10层。银元山庄占地面积24000平方米,由11座相对独立的四合院组成,由此形成一个特殊的楼、屋、窑相结合的民居群。10层建筑整齐划一、鳞次栉比、错落有致,构成一幢别致、壮观的阶梯式

官沟村银元山庄全景

银元山庄银元坡

庭院。官沟村区域内自然环境良好，风景秀丽。

　　进村口一条宽敞的坡道，相传是民国九年平定县境内遭受大旱灾，张家以赈灾方式让村民修建的。修坡劳动者皆有所得，完工后南北坡上的整修石料平均每一块折合大洋一块。渡过饥荒的人们感念张家的恩德，就把这道坡叫成"银元坡"。

北栅门楼拱碹门洞，内外镶嵌着"长发其祥"和"庆积有余"

阳泉市

银元山庄左侧的观音庙

南栅门楼拱碹门洞内外镶嵌着"忠贯金石"和"信格豚鱼"的砖质匾额

忠信堂门前影壁

银元山庄左侧有观音庙，这里三面环山树木繁茂。观音庙下有观音古泉，观音泉潺潺地从山的深处流出来一尘不染。泉水清澈甘甜，涝年不溢旱年不干。忍不住掬一捧清泉，凉凉的，真甜。1998年，村里把水样送到国家地质部资源监测中心化验过，证明这水是富锶、富偏硅酸的矿泉，对人体健康十分有益。官沟村多长寿老人，与祖祖辈辈饮用观音泉矿泉水有极大关系。村里还有很多砖雕石刻。

阳泉市

观音庙下的观音古泉

石刻

官沟村早年只是张氏家族在此居住，主要建筑自然是张家院落。建筑属于典型的北方民居建筑形式，始建于清康熙年间。主要院落为传统的四合院模式，因地理环境所限制，正房大多为窑洞，左右配房，院中套院。屋顶有龙脊兽头，房檐下的砖木雕刻更是题材丰富。门前有砖雕的影壁，门侧有上马石，门墩有雕刻的石狮。建筑布局依山就势、错落有致，与自然环境相融，富有强烈的层次感。

传说张家人有传统的钉鞋手艺。清朝早年为了生计，张有挑起一副钉鞋的担子，一路风尘走出了娘子关，来到热河——承德。没想到当地人挺稀罕钉鞋匠从家乡带来的大铁锅。阳泉自古煤铁业发达，于是张有抛开钉鞋摊做起贩铁锅的生意。经过几代人的苦心经营，张家的买卖越做越大，由经营铁货的"永义公"店铺，发展成为绸缎布匹、日用百货、钱庄票号等多种经营的大商号，民国初年进入了鼎盛时期。

出生农商之家的张士林，少年时埋头苦读，青年时经营商务，整顿家业，中年后热心教育，提携后辈，关心国事……乡亲们赠"一乡善士"匾额

在保护传统村落的这一热浪中，为开发乡村旅游资源，官沟村也打出了"银元山庄"的招牌。沉默良久的官沟村，一定能在发展中呈现出村民期待的场景。

古村街巷

义和堂主院门楼

义和堂正院

义和堂正门

阳泉市

①

一摞磨盘

②

③

岁月留痕

④

①木雕 ②~④石雕

159

大阳泉村

入选第一批中国传统村落名录。

大阳泉村隶属于山西省阳泉市郊区义井镇，距阳泉市区一点五公里，因水丰盈而得名『漾泉』，后取『漾泉』谐音为『阳泉』。

在五龙宫和逼云楼中间的广场上，威风锣鼓、狮子滚绣球、二鬼摔跤等闹红火表演引来阵阵叫好声

大阳泉村 入选第一批中国传统村落名录。

山西省阳泉市郊区义井镇大阳泉村离市中心1.5公里，距阳泉火车站2公里，距太旧高速公路口8公里，是城郊结合部的城中古村。大阳泉村古名德裕城，村内分布着许多由地面自由溢出的泉源，因水丰盈而得名"漾泉"，后取"漾泉"谐音为"阳泉"。不难看出，至少一百多年前的"阳泉"仍还是平地漾泉，泉水叮咚，潺流不息。自古有泉水的地方就有灵气，阳泉亦如此。

走进高大的石牌坊，穿过一个阁楼，映入眼帘的是早年用石条砌成的街道。它慢慢延伸出一百二十丈，连贯起村子东西两头。

大阳泉曾是平定州有名望的大村，村中也曾经有过"古八景"。历史上诸多的文化名人也曾到访，并留下许多神奇的故事，见证者就是已有千年历史的东槐、西槐和龙头槐三株老树。

当年靠煤炭、冶铁业和铁货贸易发家的郗、冯、张、兰几户大姓人家，在积累了财富后开始大兴土木。建商号、修豪宅、筑庙宇、搭戏台、盖阁楼……公共建筑不仅是精神教化的殿堂，也是彰显身份、流芳千古的善举。

家底殷实的大户人家，高挑的门楼，繁复的雕饰，惯用传统的砖雕和木雕来点缀门面。郗氏家族在兴盛时期捐了"正六品"的官衔，还创办了当时平定州最早的学校"义学堂"。

家族的兴旺也促进了乡村发展，以郗、冯、张、兰几户大姓人家姓氏命名的主要街巷，紧凑地串起了众多的院落，形成了大阳泉村早期的规模。

广育祠的石狮　　　　　　古街老屋

以大庙广育阁为中心，在古街两端对称布置有东西两个阁和两株千年古树

五龙宫对面的戏台、遏云楼，道光三年（1823）建成。整座戏台巍峨壮观、富丽堂皇　　　　　　新戏台

从同治十三年（1874）成为学校起，至1980年大阳泉学校搬迁新校址，义学堂用于教学有106年历史，故有"百年义学堂"美誉。

东阁又称观音阁、真武阁，始建于明万历三十三年（1605），至今已有四百余年历史。东阁虽小，却是一阁三庙并立，集佛道仙于一体。人们在这里既可祈真武大帝保护一方平安，又可祷观音菩萨祥光普照，还可求葛仙翁保佑生意兴隆。

义学堂

五龙宫匾额

东阁

龙王庙与钟鼓楼相呼应，古朴之气象扑面而来。对面匾额高悬的"遏云楼"戏台还泛着昔日的色彩，基石刻花，墙体庄重，多层斗栱飞檐依次伸展，龙头垂花雀替装饰华丽，尽显道光年间的奢华，余音绕梁的曲目仿佛还在回荡。"切莫认真转眼荣华空热闹，也休作假动人忠孝可兴观。"人世间的荣华富贵犹如一台大戏转眼即空，戏如人生的真谛也在告诫人们，要像戏文中教导的那样，做个忠孝之人。

一队祭祀的人群走过始建于元代至正五年（1345）的"广育祠"，对面是戏台"彗愉楼"。所有的祭祀，在社会生活中都是举足轻重的。通过祭祀的方式敬重先祖，寄托后人哀思，增强家族凝聚力……这个场面让人心怀敬意。

古戏台内高悬大清道光三年"遏云楼"匾额

古村大红灯笼、红火表演共同组成一幅春意浓浓的画卷

东古槐,树龄1330年。树旁有石头碾槽,不知何年修建,它与古街上的斜坡流水槽相接

村民在村口的大型牌楼"阳泉故里"下载歌载舞过大年

阳泉市

坐落在大阳泉村古街中央的广育祠是村里最大的庙宇。广育祠原名广胤祠，因庙名中的"胤"字犯了雍正皇帝"胤禛"讳号而改今名。"胤"为后代子嗣，"育"意生养生育，都含有子嗣承续的意思。正殿内供奉着送子娘娘，告诉人们这里是百姓求子的地方

广育祠对面有戏台嵑愉戏楼。2005年重修广育祠时在庙内发现了一通道光六年（1826）庙碑，标题是《重修嵑愉楼新建谒云楼记》。碑文中有："阳泉故有广育祠，祠之前建有嵑愉楼，每春社演剧于此，然岁久楼少倾矣。辛巳（1821）里人捐资重修嵑愉楼。"

民间祭祀活动

嵑愉楼

晋中市

山西省下辖的一个地级市，位于山西省中部，东依太行山，西临汾河，北与省会太原市毗邻，南与长治市、临汾市相交，东北与阳泉市相连，西南与吕梁市接壤，是山西省的铁路、公路枢纽之一。文化底蕴深厚，晋商大院驰名中外。

后沟村

入选第一批中国传统村落名录。被誉为"黄土旱塬农耕文明的传统经典"。

后沟村隶属于山西省晋中市榆次区东赵乡，距榆次区四十公里，为中国民间文化遗产抢救工程的第一个传统村落调查范本。

山沟中的老院落

村中戏台广场

通往村中的牌坊及道路

晋中市

后沟村 入选第一批中国传统村落名录，被誉为"黄土旱塬农耕文明的传统经典"。

2003年，后沟古村在中国民间文化艺术家协会主席冯骥才的倡导主持下，经专家反复考证，被中国民间文化艺术家协会确定为中国民间文化遗产抢救工程的第一个传统村落调查范本，并于2005年9月9日正式对外开放。

后沟古村最高海拔974米，最低海拔907米，相对高差达67米。独特的地理环境，形成了后沟村沟、垣、坡、滩纵横交错的独特风貌。

村中的古戏台

古戏台——一座前棚后殿的砖木结构古建筑。其前后衔接自然和谐,造型稳重大气,吊柱暗悬,斗栏明纹,檐角平缓,耳墙朴实,砖石木三雕俱精,卷棚顶弧线极美,有较高的审美艺术价值和实用价值。古戏台始建年份不详,但从其遗存的部分构件工艺看,当不晚于清乾隆朝。清咸丰七年(1857)重修,"文革"初期"大破四旧"中曾遭部分损坏,2005年5月重修。

后沟山神庙始建于清康熙五十年(1711),移址重修于清嘉庆十九年(1814),毁于1963年,2005年5月重建。观音堂坐落于后沟古村西南方向的半崖之上,坐南朝北,与村中玉皇殿隔河相峙,俗称南寺。全寺占地面积490.17平方米,共有大小房间20间;依次有山门、钟鼓二楼、东西廊房、耳殿和南大殿,为长方形四合院堂式寺庙,是一座保持着明清建筑风格且保存较为完整的砖木结构建筑寺院。观音堂大殿面阔五间,主祀观音及送子、财神等塑像;其斗栱木雕龙首凤喙为民间寺庙所少见,檐板真金贴绘龙纹和梁间龙纹彩绘为明清两代盛世佳作,具有极强的时代特征和很高的艺术价值。观音堂始建年代不详,据寺内壁龛大明天启六年(1626)重修碑记载:"有古刹一座,年代替远,不知深浅。"后陆续又经清康熙、乾隆、道光和清末民国等年代数次扩建维修,始成今日之规模。

关帝庙里关公夜读《春秋》

观音堂

千年老树

老树铁钟村头立

村口桃原沟

观音庙内古建美

石铺路面家家顺

后沟古村置村何时尚无考证。从考古发现的一块唐代墓志铭推算约为公元819年。而明天启六年(1626)古村修建观音堂的碑文记载的"年代替远，不知深浅"，使后沟村蒙上了一层神秘的面纱。后沟村古建星罗棋布，神庙系统相当完善。关帝庙、文昌阁、真武庙、三官庙、魁星楼、观音堂、菩萨殿、山神庙、河神庙、五道庙等18座神庙和1座祠堂依风水而建。

玉皇殿及小广场

古色古香的大宅门

后沟村村民委员会

晋中市

文昌阁楼通南北

排水口如此细工

张家祠堂门

后沟古村浓缩了黄土旱塬农耕文明的传统内容，保存了中国北方汉民族自给自足的生产方式、生活状态。民居建筑为典型的黄土高原土穴窑居，特点是依崖就势、随形生变、层窑叠院、参差别致。遥相呼应的石窑、土窑、砖窑、明碹窑、土挖窑、独体窑、里外窑等，形成了后沟村浑然天成的独特风景。古村地下排水系统可与一流的水利专家设计的工程相媲美，从村东北、西北的高处起，穿村过院，勾连各家各户，形成黄龙、黑龙两个体系，流经村西南、东南出水口最终归入龙门河中。

后沟古村完整的排水系统、等级分明的窑居建筑格局、威严的张家祠堂、精雕的古戏台、自给自足的生产作坊以及安全防卫设施，充分显示出族权势力的统治地位，是北方农耕文明活态文化的完整画卷，堪称"农耕桃源"。

后沟村有100亩采摘园区，有梨树、枣树、苹果树、杏树、山楂树、桃树等500余株，属自然季节性品种。从农历五月到农历九月，水果成熟，可充分体验离现代生活越来越远的农耕文化生活。

173

千年横斜证村老，不须开口已知时

吊桥院的入口

晋中市

仪门院又称三合院，不建南房，门楼居中而内设仪门，平日仪门不轻易开启，两侧通行，左入右出，讲究含蓄包藏，内不外露，具有挡煞辟邪之功能。仪门只在春节、贵客来临、婚丧大事时才打开。

仪门院

吊桥院二进院门前的照壁

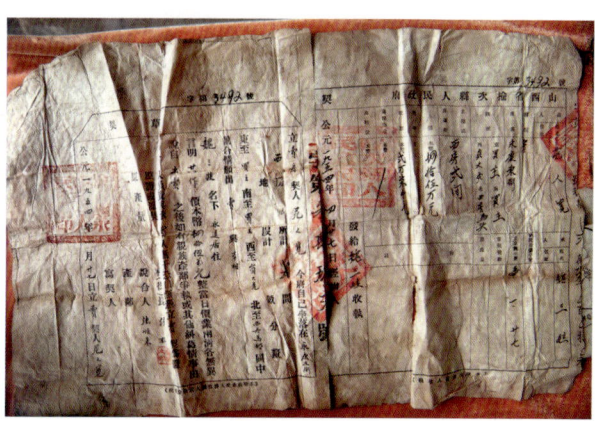

1954年的房屋买卖契约

张家祠堂祖宗牌位

车辀村

入选第二批中国传统村落名录。

车辀村隶属于山西省晋中市榆次区东阳镇,距榆次区十八公里,距省城太原四十三公里。车辀村是全国儒商第一家——常家庄园所在地。

鸟瞰平原上的传统村落

新院老院建在了一起

晋中市

典型的高墙大院

排场的老宅院门

村中的街道连着各院

车辋村 2013年被列入第二批中国传统村落名录，位于山西省晋中市榆次区东阳镇西南边缘。东阳镇海拔高度799.4~804.6米。北距榆次区18公里，距省城太原43公里。东西宽12公里，南北长9.2公里。车辋村是典型的晋中平原耕种地区。

大门上原来有棚子　　老门洞旁边曾有石基

宽街老院的漂亮回楼

老院子还有人住以及他们生产的扫帚

车辋村人文景观和自然资源丰富。清康熙、乾隆年间，车辋常氏经商获利颇丰，逐渐成为晋中望族，开始大规模营造住宅大院——常家大院。从清康熙年间到光绪末年，200多年间常家在车辋整整建起了南北、东西两条大街，共占地100余亩，楼房40余幢，房屋1500余间，使原先4个自然村连成了一片。

车辋村是全国儒商第一家——常家庄园所在地，村民利用这一优势，在文化旅游方面做文章，首先推出一系列乡土风情作品，推销当地名特优产品。其次常家庄园作为全国电影电视拍摄基地，解决了当地剩余劳动力就业问题，增加了农民的收入。第三，背棍、铁棍等文艺节目亮相于庄园内外，既增加了当地人民的收入，又丰富了文化生活。

四合院中的老房子

木结构房屋工艺精湛、刻有文字

水刷石工艺制作的门榜已有近五十年了　　　　　　　　进出大车的车马大店

房角上的砖雕　　　　　　老石狮子还有用场

20世纪70年代刻的对联　　　　　　新屋门前老影壁

晋中市

精细的砖雕门楼

砖雕

老门内的影壁

石刻物件

互相依靠相连的屋门顶

石刻物件

砖雕

相立村

入选第四批中国传统村落名录。

相立村隶属于山西省晋中市榆次区长凝镇，距榆次区二十公里。传说相立村是名相蔺相如的故里。

高处看老村，户户有路相通

晋中市

相立村 入选第四批中国传统村落名录，位于榆次东20公里处，古称长凝壁，是进入山西东部及河北的军事要塞。据明万历《榆次县志》记载，长凝因北魏大将李长凝筑寨驻军于此而得名，后更名长凝寨。清末建镇制。之后一直为榆次东部地区的政治、经济、文化中心和交通枢纽。1971年7月至1974年10月曾为榆次县委、县政府所在地。长凝镇文物丰富。贾鱼沟遗址为旧石器时代晚期遗址，说明一万年前在此就有人类活动；传说中的鱼儿池为春秋时期晋国上卿智伯墓；还有宋朝开国大将军郑恩的传说。现有望儿垴、卖油道、圪针沟、郑恩墓等。

说起相立村，不得不提起一个人，那就是蔺相如。当地人为纪念这位战国时期著名的政治家、外交家、军事家，还在村北半山崖上修建了蔺相祠，俗称"宰相庙"。蔺相祠依山坡凿石洞而建，其后的山洞与整座山融为一体。整个庙宇虽然不大，但气势宏大、十分庄重。庙宇间，一副对联最先映入眼帘，"正气慑强秦缶以击璧以完姓氏至今辉梓里；和衷柔傲帅天可回霜可却精神亘古社山河"。这副记载了蔺相如辉煌一生的对联，包含了"完璧归赵""渑池会""将相和"等脍炙人口的故事。庙内还立有石碑一通，它详细讲述了当地奇特的自然现象——"蔺郊无霜"的来源。自古以来有"蔺郊十里无霜春来早"赞誉相立村历史文化底蕴浓厚，现在还保存有古风格民间窑洞和房屋。

住户集中的院落相互依靠着

植被丰茂的山林掩映着乡间小路

村西头山坡上的人家

建在山坡上的石砌房屋，门前老树浓绿，至今还有人在居住

村头一景

村落里的高墙旧院

石碹门

村中一棵老槐树

据《榆次县志》记载，榆次人口经商者十之六七，主要从事茶叶、杂货和钱业的国内、国际贸易和经营，有许多人及家族发展成为我国著名的商人和贸易世家。相立村紧傍大路，顺涂川西距长凝镇仅3公里。长凝镇乃榆次重要集镇之一，榆次东部及周边寿阳、和顺等县乃至河北省的各类货物赖此集散，民众赖此获取生产生活物资。因此相立村人见多识广，经商做买卖者比比皆是，有的甚至走出山西，经商于北京、张家口等地。

所以，相立村人历来接受外来文化和信息较多，大部村民较富裕文明。现在尚存的许多四合院、三合院青砖大瓦房即是证明。

各户之间有通道

坡上大院

老宅门上字传情

粗大的木柱与柱础

房老架构犹在

村中的戏台保护标志

徐向前指挥部旧址

传说，蔺相如生于蔺郊长于相立，那时，每年"秋分"各村都要唱戏。有一年，"秋分"又到了，村中的庄稼比往年长得更差，但戏又不能不唱。正当3个村锣鼓喧天地唱戏时，身居宰相的蔺相如却在赵国的京都长吁短叹，满脸愁云。赵王觉得奇怪便问："你的家乡大唱好戏，热闹非凡，而你却愁眉紧锁，这是为何？"蔺相如对赵王说："我们当官的在京城吃酒作乐，岂不知我家乡的百姓却因连年歉收，连肚子都吃不饱啊！"说罢，连连叹气不止。当赵王问到连年歉收的原因时，蔺相如诉道："我的家乡柳叶镇（即长凝镇）每年秋霜早至，庄稼年年遭受霜打，难以成熟。尽管村里在唱戏，但老百姓们却都是嘴啃黄连手弹琴——苦中作乐。"赵王恻隐之心顿生："孤赐柳叶镇周围四十里无霜。"自那年起，柳叶镇周围真的"四十里肃霜不至，秋禾无害，土人实受公福"。

"蔺郊无霜"给柳叶镇附近3个村的百姓带来了丰收。为了纪念蔺相如为民造福的业绩，后世百姓特在"四十里肃霜不至"的中心山崖上修建起了一座庙宇，这就是蔺相祠。据记载，现存的蔺相祠于乾隆五十七年（1792）始建，道光二十五年（1845）重修。

抗日战争和解放战争时期，相立为敌我交错区，斗争非常激烈而残酷。1948年7月19日，徐向前率领的华北野战军取得了晋中战役的彻底胜利，解放了榆次。随后又开始解放太原的准备工作，太原战役的帷幕徐徐拉开。以徐向前为统帅的太原战役指挥部驻扎相立村（后迁往峪壁），相立为解放太原和山西全境作出贡献。

照壁含心情

老院已改羊圈了

西源祠村

西源祠村隶属于晋中市平遥县岳壁乡,位于世界文化遗产平遥古城南七公里处。西源祠文化底蕴深厚,有源神大庙"源祠"。入选第四批中国传统村落名录。

西源祠村 位于晋中市平遥县岳壁乡，在平遥县城东南7公里处，为第四批中国传统村落。

西源祠村历史悠久，文化底蕴深厚，环境优美，水资源相当丰富。相传，禹王治水空出晋阳湖后，该村东沟泉水涌流，古人视为神水，遂建起源神大庙，并在沟中修建水池一个，叫神池，名其庙为"源祠"，是山西省"三祠"之一，又是平遥"八景之一"。源地泉涌——源神池所在地有一眼井，井深65米，现在每小时出水量为160吨，水质良好，经有关部门测试各项指标符合饮用水标准。

立起的黄土围城墙

老街深巷故事长

村口老门照壁在路边

老树前的高门大院记载着西源祠的富足

老屋新房一片吉祥

各式各样的堡门组成了西源祠村的独特景观

后新堡常盛门

西河堡东门外街

西源祠村西河堡

堡门深深

堡门墙门洞上的"兴隆门"砖刻

长满青苔的老街上有斑驳的老墙,一个个门洞把你的思绪都带到远方

该村由东堡、西堡、南堡、西河堡、前新堡、后新堡六个古堡组成,高大的堡墙大多由黄土夯筑而成,也有外表用砖包砌。南堡、西堡、东堡三处清代建筑群保存相对完整,其他各处堡墙、堡门存在不同程度的损坏。村内现有古槐树8棵,分别位于各堡中、圣寿寺前。圣寿寺前的古槐年代最早,可追溯到唐代,周身长达5米,高达30余米。堡中道路相同,各个单堡相对独立,形成了一个比较少见的群堡组成的村落。村中排水系统也处理得相当好。

西源祠集古代佛教文化、晋商文化、建筑文化、民俗文化于一体,历史古迹众多,县文保单位寿圣寺始建于宋代,谢金吾将军奉旨修建"敕建寿圣寺"并有碑文为证。寿圣寺规模宏大,雕梁画栋,外表框架基本完好,占地面积3661.7平方米,建筑面积1244.67平方米。村东有魁星楼、文昌楼,村南有南神庙,村北有娘娘庙,但大都已遭破坏。

村内有较好的古民居10余处,主要有南堡的乔封山故居、西堡的李宏龄故居、东堡的郝可久故居、西河堡的赵敬业故居。全村居住面积占地约80余亩,其中明清传统民居建筑约占40%,另外还有明清以前的锢窑建筑约占20%。

西源祠村是典型的农业大村,是平遥县高优高农业示范村,主产长山药驰名省内外。这里的长山药不仅产量高而且质量好,性绵味甜,药性重,是滋补佳品,每年吸引河南、山东等地客商竞相购买,并有相当数量出口,年产近千万斤。清清白白的山药是西源祠人最爱吃的一道菜。或蒸或炒或煮,在一道菜里品味着人间真味。

古木门

圣寿寺院前

三官庙

圣寿寺庙前的古槐树

门头木雕

斑驳的堡墙

晋中市

梁村

入选第一批中国传统村落名录。

梁村隶属于山西省晋中市平遥县岳壁乡，距平遥古城六公里。梁村由五个古堡组成。

梁村由5个古堡组成,分别是东和堡、西宁堡、昌泰堡、南乾堡和天顺堡,容纳了梁村的大部分民居建筑。东和堡年代最久,地势最险。西宁堡两面环水,景色最秀。昌泰堡以四合院为多,较为简陋。5个古堡中尤以天顺堡和南乾堡保存最为完整。

该村村民的经济收入以外出务工为主,村内多有能工巧匠。村内开办有饲料厂和养殖场,经济树种有枣树林近50余亩,苹果、梨、桃树等200余亩。

梁村还传承了大量北方民族饮食、婚丧礼仪等民俗文化。

梁村的确是一个集多种传统文化于一体的千年古村。

晋中市

站在渊公宝塔远眺,映衬于菜地和树木之间的广胜寺

梁村全貌

曾经的真武庙，现在的广胜寺

广胜寺内五爷殿

村中的关帝庙

古戏台及戏台院

广胜寺内大悲殿

观音堂和南乾堡北门

关帝庙正门

积福寺山门

积福寺始建于唐代贞观二年。元元贞三年渊公和尚是该寺住持,是平遥大佛教名寺之一

渊公宝塔又名文慧塔。宝塔上内嵌石碑一块,碑文记载始建于元贞二年(1296),距今700余年。古塔为舍利塔,塔主"渊公",曾是积福寺的一位高僧

戏台院解愠门

晋中市

天顺堡位于梁村核心区南部，占地70亩，始建于明，清乾隆年间建成，现有建筑为清末梁村富户筹资兴建。

供销合作社梁村分销店

昌泰堡取意昌盛安泰之义，由梁村史氏家族兴建

千年古槐树

昌泰堡就在天顺堡的对面

天顺堡内的高墙幽巷

村中街道

天顺堡北门上的三官庙

冀桂故居二门

冀桂故居。冀桂咸丰十年（1860）自立西川生盐号，奔走于晋、川、扬等地经营盐业，为曾国藩湘军筹集军饷。五十岁后退出商界，回村后曾主持参与了梁村神宫、戏院、积福寺、关帝庙、真武庙等的修建，并在光绪初年山西大旱时捐银二百两救助了梁村许多灾民

毛鸿瀚故居。毛鸿瀚（1846—1922）因聪明好学很快由平遥蔚泰厚票号学徒，升任驻外分号掌柜。民国初，他将蔚泰厚票号改为银号，于民国七年（1918）正式营业，后毛鸿瀚终老梁村

东和堡堡门四面环沟，孤岗高耸。该堡为梁村最古老的堡

无人居住的东和堡

历史文化特色

1. 龙凤文化

梁村村舍布局、传统建筑、地名称谓，无不秉承华夏"龙凤"文化之源流。如龙头、朝阳头、灵射头、小蛟沟等古称，皆喻龙势。一街五堡的村舍建筑布局为凤凰展翅状，古源北端的真武庙为凤头，东和、西宁堡为双翅，昌泰、南乾堡、古源西街为腹，天顺堡为尾，确似一只展翅飞翔的金凤。另外大量的砖、木雕和石刻及民俗文化，皆有龙凤文化的烙印。

2. 堡寨建筑文化

梁村五堡各成体系，相对独立。各堡设两门，建筑堡墙，堡内一条主街两侧分巷，堡形严整比邻而居，街形不一，有"土""玉""王"等形。堡内防火、防盗、防御，给排水设施齐全，是研究古代堡寨建筑及"里""坊"体制的范本。

3. 民居建筑文化

窑洞民居最具特色，它冬暖夏凉，坚固防震。梁村所有民居都以窑洞为主，古老的靠崖土窑尚存，独立式砖窑院比比皆是。另外"日"字形两进院落、"目"字形三进豪宅，及院内布局设施均渗透着建筑、风水学等传统文化。

4. 宗教文化

梁村古庙之多确为少见，除每堡皆有两处以上的三官庙外，古源街区就建有五座古庙，相距不足百米，形成"庙群"建筑之特色。这些古庙集佛、道、儒三教于一体，是研究宗教文化的范本。古庙及民居内部建筑工艺，还保留着大量的砖雕、石雕、木刻、绘画等传统工艺遗迹。

大寨

入选第四批中国传统村落名录。
全国农业旅游示范点。
中国十大名村。
山西省著名特色旅游景区。
山西省爱国主义教育基地。
大寨村隶属于山西省晋中市昔阳县大寨镇，距昔阳县城十二公里。

村口公路

大寨 是第四批中国传统村落。

山西省晋中市昔阳县大寨村，位于太行山西部，距县城12公里。总面积185.31平方公里，总人口32699人，6.8万亩耕地，以种植传统作物小麦、玉米、花生为主。20世纪60年代敢于战天斗地、艰苦奋斗、治山治水的大寨人，在七沟八梁一面坡上建设了层层梯田，并通过艰苦的劳动引水浇地，改变了靠天吃饭的状况。1964年毛主席发出了"农业学大寨"的号召，从而成为全国农业战线的一面旗帜。

全国掀起了"农业学大寨"的高潮，"工业学大庆，农业学大寨"，使大寨成为自力更生进行农田基本建设的样板，被中国政府向全中国农村推广，从而也让大寨在中国乃至世界闻名十几年。大寨物华天宝，人文荟萃，风景秀丽，是全国农业旅游示范点、山西省著名特色旅游景区、山西省爱国主义教育基地、中国"十大名村"之一，大寨展览馆是全国第二批红色景点。

晋中市

大寨村景

大寨旅游服务中心

虎头山下

大寨村办企业

大寨名人馆收藏的瓷器

名人馆接待室

木质名人题匾

名人馆内实物展示

1977年的奖状

大寨2002年立足实际，统筹安排，制定了新的发展规划，改变落后的面貌。大寨人决心继续发扬"自力更生、奋发图强"的精神，高举改革开放的旗帜，学科学、用科学，真抓实干，努力拼搏，努力把大寨建设成为经济繁荣、生活富裕、环境优美、民主文明的新农村。大寨已经成为一个美丽山村。

层层梯田庄稼葱绿，清清池水波光旖旎，人造森林郁郁葱葱，果园硕果累累。大寨村窑洞整齐，街道干净、清洁，人民热情好客。大寨森林公园、亭台廊榭和自然景观宛若天成，人文名胜得天独厚。到大寨参观访问，七沟八梁一面坡留下了大家游览的足迹、身影，特殊的文化滋润使大寨益发显得诗意葱茏，魅力无穷。大寨是当年中国农业文明的榜样。首战白驼沟、三战狼窝掌、奋力战洪灾、三不要三不少、搬山填沟造平原、科学种田等事迹至今脍炙人口，留下辉煌的史迹。团结林、知青林、红碑、军民池、周恩来纪念亭、虎头山标志石、大寨全景、陈永贵墓园、贾进财墓地、郭沫若诗魂碑、孙谦纪念碑、团结沟渡槽、大寨文化展示馆、大寨展览馆、大柳树、陈永贵故居、大寨生态园等众多特色景点，构成了全国著名的红色旅游景区。

新时代的大寨，经济繁荣、社会和谐、环境优美、民富村强、政通人和，人民幸福自豪，在新一轮发展中又铸辉煌。这里区位优越、交通便捷、通信畅达、设施完善，热情好客的大寨人竭诚欢迎国内外宾朋光临。大寨交通、通信等基础条件已经大有改善，是一个成熟的农业旅游区。

大寨展览馆前的陈永贵石雕像

大寨村老房子

大寨村委办公处名人陈列馆

晋中市

大寨梯田远眺

大寨景区入口

中国传统村落　三晋经典

谷恋村

入选第二批中国传统村落名录。

谷恋村隶属于山西省晋中市祁县贾令镇，距祁县县城十公里。村内保留着众多的明清晋商民居。

蓝太古庙屋顶

谷恋村 为第二批中国传统村落、中国历史文化名村，位于晋中市祁县贾令镇。乔家大院向西三公里处，当地人惯称传统"银谷恋"。紧邻昌源河国家湿地公园。

谷恋村是祁县著名的传统村落之一。原来整个村落用土筑堡墙围护，有东、南、西三座堡门，现堡墙已全部拆毁，仅剩西堡门尚存。村内保留着众多的明清晋商民居，与祁县其他地方的民居规制完全一样，都为一进或二进四合院及其组群。

谷恋现在还有保存完好的明清旧宅、寺庙。谷恋原来建有9座古庙，现只有光绪四年(1878)建于北马道中段的关帝真武庙还保存完好。以关帝真武庙为中轴，几家财主掌柜的宅院连片成群，仍见气势。南门西边，有应财主家建于明代的统楼院。它和北马道高家的明代四合院，算是谷恋至今保留最早的建筑了。

俯瞰

谷恋村航拍图

老街道旁老住户

晋中市

蓝天古庙雨后景美

四合院二进门门楼

砖雕门楼

砖雕门楼

街景

大街门

古街行人

木雕

高门大户的人家组成了谷恋富裕的符号,如今老门楼还是那么夺人眼目。

东门里有高执杰家建于清代的统楼院。文昌庙巷子里,是高著元家的清代三合院。往东北角走,则是良必财主家的一处闷房院。这些民宅形式多样,统楼、明楼均为两层,为明清时期普遍流行的样式,牌楼院(二进院,里五间外三间,以牌楼相隔)、明式四合院、清式三合院、闷房院("级别"位于四合院与普通平房之间)、牛房院应有尽有。笼统看,大致特点有三:一是外墙高,墙头有垛口,防盗,防风;二是屋顶为单坡顶,方便雨水从房顶上单向流进院子里(肥水不外流);三是院落以北为正,南北长东西窄,近似长方形。街门多数开在东南角,称"巽"字门。院中水道盘门而过,雨水绕门流出。

谷恋村形为八卦太极图形,现在村中有一个四方小内环,村人称四条马道。从东门到西门是一"S"形街,等距离之地有两眼水井,正是鱼眼之意。这灵秀的风水之地,自明朝以来,孕育了不少文人和商人,他们或高官厚禄或腰缠万贯,千万两的白银进村,修筑了一座座阔气的宅院,建起了保护村人的九座大庙。现存的关帝真武庙便是见证。

过厅

砖雕

街景

砖饰

二进院门楼

门额

门额

谷恋村庙宇有关帝庙、真武庙、三官庙、结义庙、菩萨庙、文昌庙、河神庙、财神庙等九座庙宇。九座庙中，关帝、真武二庙合一，菩萨庙和河神庙紧连，这样就成了九庙占七处，以堡村为中心环绕四周，呈七星拱月的格局。历史变迁，其他寺庙均已毁失，仅存关帝真武庙一处。

"丹凤朝阳"和"公鸣富贵"是两幅互为因果的砖雕图，晨钟一侧的丹凤朝阳，意为太阳升起，贤才遇时而起，要在社会做一番事业；暮鼓一侧的公鸣富贵，意为功名富贵，它的现实意义是人的价值在于奉献，回首往事，不因虚度年华而悔恨，也不因碌碌无为而羞耻。

建筑艺术有明楼、统楼、牌楼、门楼、吉星楼、更楼、堡门楼，闷房、瓦房、假瓦房、平房，照壁、影壁，斗栱、藻井、台阶、塌垛、垛口、花栏等。

谷恋民居同祁县晋商民居一样，有三个共同点：其一，外墙高，并有垛口花栏；其二，单坡顶，雨水流入院中；其三，以北为正，院落北高南低呈长方形，彰显以"礼"治家格局。然而，谷恋民居又有它的独特之处：一是小巷多又窄，二百年前青砖铺地；二是门楼多，门楼种类多；三是宅院基地高、石阶多。

总观谷恋民居，真是"青砖青瓦连成片，二进三进牌楼院，高楼闷房几十处，走进小巷一线天"。

券门阁楼

壁画

门洞

装饰

门额

　　早在清嘉庆二十三年，即公元1818年，谷恋村就创建了农村专业合作组织——小桥社。小桥社的宗旨十分明确，专为修理谷恋村域之道路、桥梁。该社由村人组织经理，纯属村民自治组织。合作社的资金，由村民自愿捐施。原始资金为250千文。到道光二十一年（1841），即小桥社成立后的23年时，合作社的资金已积累到120两白银和320千文铜钱。并将此款出放生息，实际是一种民间信贷。将大数借贷给祁县城内的商业字号，小数借贷给本村人。到光绪十四年（1888），即小桥社经历了70个年头后，社内积累竟高达2000多两标银。虽然本村人的放贷减少了20千文，然而放贷给祁县城内商家字号的资金却达到2000两标银。小桥社经过70年的经营，不仅保证了谷恋村境内道路、桥梁的畅通，还使社资积累达到2000多两白银。还有一个更重要的贡献，即在光绪三年的特大旱灾之年（即"丁戊奇荒"），小桥社竟无息借给村中300两白银用于赈灾、生产自救。直到9年后，村中经济、社会好转时才收回本金。

　　谷恋村小桥社是世界上最早的农村专业合作社，比国际公认的1844年诞生于英国罗虚代尔镇的第一个成功合作社——罗虚代尔公平先锋社早了26个年头。

南庄村

入选第三批中国传统村落名录。

南庄村位于山西省介休市龙凤镇西南丘陵地区,距龙凤镇镇政府八公里,历史文化资源有"三门头街,南北两座庙,张家十八堂,阴氏一杆旗"。

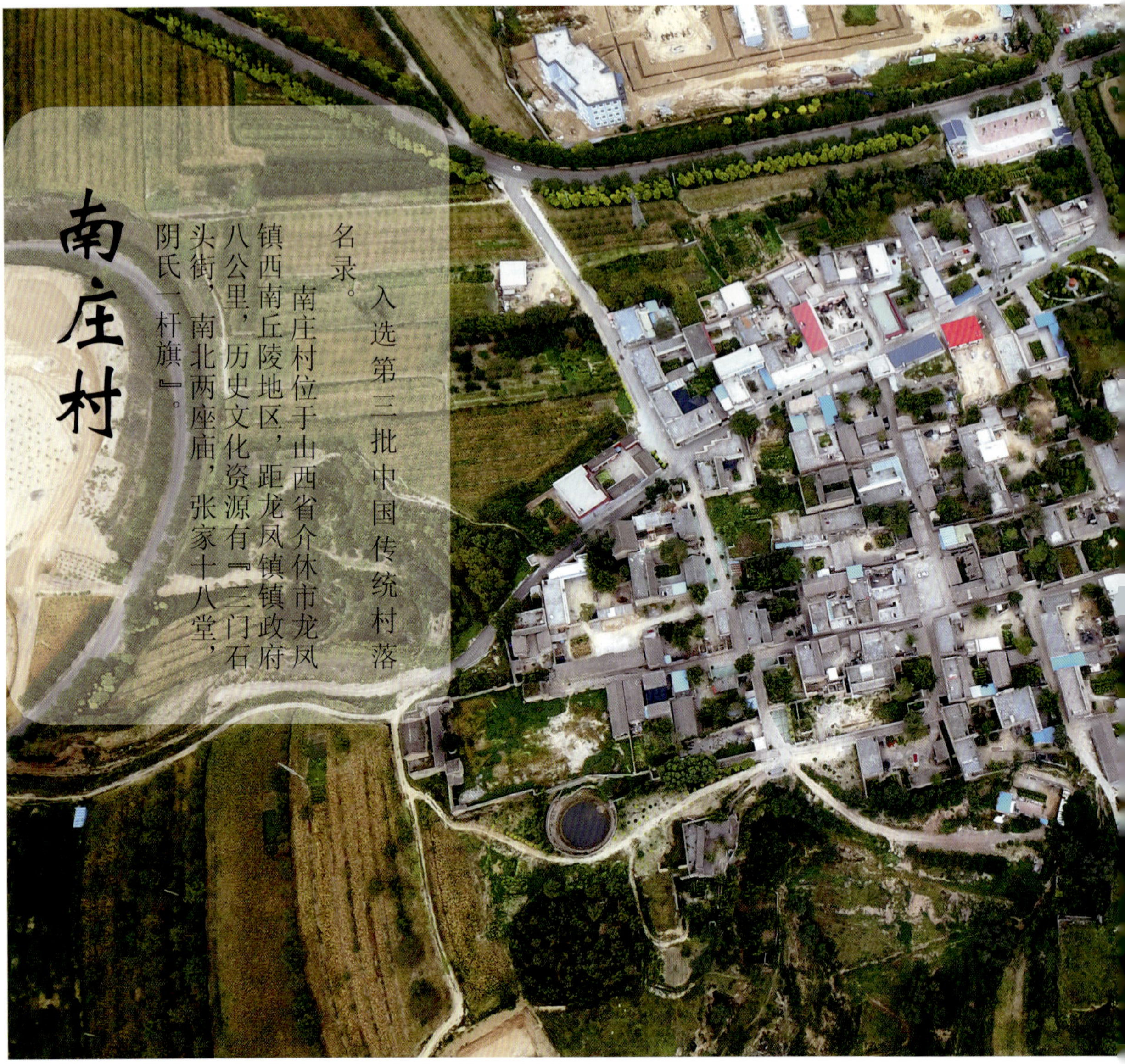

古村院落

南庄村 入选第三批中国传统村落名录，2006年被山西省评为"历史文化名村"。

南庄村位于介休市龙凤镇西南丘陵地区，距离镇政府8公里，海拔800多米，东连旺村，南连田村，东西1100米，南北1700米，总面积187万平方米。全村300余人口。"三门石头街，南北两座庙，张家十八堂，阴氏一杆旗"，这是对南庄村历史文化资源最精辟的概括。南庄的张氏先人做官、经商者皆有。清代时南庄还走出了举人张昭奎，以及名震一方的镖师阴泰忠，他们为这个小山村积淀了深厚的人文底蕴。南庄至今仍存留有42%的老宅院，以及沿着石头街两侧分布的商铺式建筑，可见当年南庄也曾是繁华富庶之乡。南庄三个庄门将十字街和南北两座庙，以及沿街分布的民居老宅围起来，像一个袖珍城堡，默默地走过了历史的风雨，迎来了今天的朝阳。

目前，南庄的北门仅存遗址。现在的东门"迎瑞门"、南门"浮翠门"均为清代建筑。该村区位优势突出，毗邻著名旅游景区张壁古堡，张壁旅游专线穿村东而过，发展乡村旅游业具有得天独厚的优势。

"浮翠门"为清代建筑。庄门"浮翠门"砖雕为本村举人张昭奎所书。

古村石道

南门浮翠门

① 春善堂：张氏十八堂之一。本堂始建于嘉庆年间，堂主为南庄一文人，对人友善。"春善"即要族人心地仁爱，品质淳厚。

② 孝友堂：张氏十八堂之一。本堂始建于道光年间。院落错落有致，建筑风格迥异。堂主崇尚行孝，即取名孝友堂，取事父母孝顺，对兄弟友爱之意。

③ 举人院：张氏十八堂之一。本堂始建于光绪年间，是清末南庄举人张昭奎故居。张昭奎曾为霍州学正。本院又名"三多堂"。"三多"意指多福、多寿、多子。

④ 忠兴堂：张氏十八堂之一。本堂始建于咸丰年间，堂主一生温顺忠厚，取名忠兴堂。"忠"是中国古代道德规范之一，指为人正直、诚信厚道、忠心待人、忠于国家。

⑤ 陆顺堂：张氏十八堂之一。又名六顺，即六种顺应："君义、臣行、父慈、子孝、兄爱、弟敬"，也即国君行事合乎道义，臣子奉命行事，父亲慈爱，儿子孝顺，兄长友爱，弟弟恭敬。

⑥ 席茂堂：张氏十八堂之一。本堂始建于乾隆三十五年（1761），堂主人自幼爱好古玩，家产万贯。席茂即要后人保持谦虚谨慎、不骄不躁的作风，像席子一样，甘为铺垫，默默无闻。

⑦ 孝思堂：张氏十八堂之一。本堂始建于光绪年间。堂主为私塾先生。以道德伦理做堂号，是要提醒晚辈时刻反思是否对长辈孝顺、恭敬。

⑧ 真武庙也叫北庙，创建年代不详，庙院内野草丛生，古柏肃立。庙内原有大殿、戏台等多个建筑，现存大殿内有清代壁画。沿大殿东侧台阶上达殿顶可俯瞰全村，此处是村内制高点。

⑨ 阴泰忠故居。阴泰忠是介休南庄土生土长的著名镖师，其生活的年代约在清乾隆至道光年间。该院即为阴泰忠出生之地。院内正方梁上"乾隆四十一年"题记，以及"阴泰忠"人名款是研究阴泰忠的重要线索。

⑩ 居民窑洞内景。

张壁村

入选第一批中国传统村落名录。

中国特色旅游景观名村。

张壁村隶属于山西省介休市龙凤镇，距介休市十二公里。村中地道堪称中国古代军事防御工程的经典之作。

空王佛行宫

晋中市

张壁村 位于山西省晋中市介休市的绵山脚下。一位村民在修整自家地窖时，无意中发现了一个交错纵横的地下暗道，地道全长10000多米，立体三层，四通八达，内有指挥所、陷阱、马厩、水井、粮仓、通风口等各种设施，攻防兼备，进退有据。地道出口或隐于山崖半壁，或与数十处民宅巧妙勾连，机关密布，诡谜奇绝，堪称中国古代军事防御工程的经典之作。

走进张壁村，才发现这个村不一般：高高的堡墙、复杂的街巷和地下万余米地道等构成五级（堡墙堡门、巷门、次巷门、宅门、地道）防御体系，可谓"堡中有堡，城中有城"。

张壁古堡是个袖珍小城，面积只有0.12平方千米，却有着丰富多元的文化遗存。在长达1600多年的历史长河中，逐渐形成了"地上明堡、地下暗道"的独特军事防御体系、儒释道相辅相融的宗教文化、神奇的星象堪舆文化、灿烂的农耕民俗文化等。

古堡三面临沟，一面靠山，地势险要。其堡西北、东面有沟壑、悬崖阻隔。出堡南面则直通绵山，是进可攻、退可守的战略要地。

张壁古堡文物古迹，蔚为大观。堡外的金代古墓、堡内的历代庙宇群或建于城堡顶端，或建于地面高台，依堡而筑随势构形，琉璃覆顶，富丽堂皇，十分独特和神秘。北朝古地道、可汗庙、琉璃碑等为全国罕见。张壁的民宅，起源于唐宋，繁盛于明清，古朴的民居，别致的巷口门楼，充满了古色古香的北方民间建筑色彩，不能不让人感到惊叹！

行走在有着1000多年历史的张壁村，岁月悠悠，"哼嘿嘿呵"的调子穿过斑驳的院墙在村中肆无忌惮地飘荡，这是剧团在可汗庙戏台为大家演唱山西省非物质文化遗产保护项目"介休干调秧歌"。这古老的张壁村，那份恬静、那份古朴、那份厚重，让人流连忘返。

张壁古堡出入口

既是山门又是戏台，关帝庙前的猴猴台

泥包铁像

关帝庙壁画

　　关帝庙建在南堡门，坐南面北，随山就势，面阔3间，进深4.5米。山门与堡门正对，老百姓想让关老爷在此保佑一方百姓平安。庙内墙上的壁画都还是原来的，一共25幅，都是《三国演义》中的场景，如"桃园结义""过关斩将""水淹七军"等等，着力渲染关羽的忠勇信义。壁画便是村民风教的教科书，它们和演义、戏剧、说唱等一起，把宗法社会里人伦秩序的理想一代一代地传下去。关帝庙前的戏台被称为猴猴台，创建于清康熙四十八年（1709年），离地面只有一尺多高。坐北朝南，面阔三楹，八字影壁，卷棚加歇山顶，戏台和山门连体，演出时山门关闭。

鎏驾

始建于明末清初南堡门外的关帝庙

雀替

　　关帝庙侧院有观音堂，原供奉有三尊千手观音，惜于"文革"中被毁。村民拆除神龛时，于厚壁中得一造像。铁像包泥，端坐持钵，似道似佛，若夷若汉，真不知何等神圣也。联系到殿后之可罕庙，铁像之谜，欲解还乱。唯清乾隆年间所刻匾额清晰可见，上书"急早回头"四字。

可罕庙是张壁村最古老的庙宇，位于古堡南门的一个黄土高台之上。《重修可罕庙碑记》说"创立何代殊不可考，而中梁书延祐元年重建"。公元1314年已是重建，可见该庙之古老。庙顶的"宋唇瓦"及"宋辽花边瓦"亦佐证着这一点。

可罕庙正殿供奉的是定杨可罕刘武周，东西两侧则立着他的副将宋金刚和尉迟恭。作为张壁村故事中永远的主角，他们将永远活生生地站立在这里。

可罕庙的高台是全村的制高点。由于整个村子反风水而建，地形南高北低，故这里的地势比周边高出8米，有利于瞭望和防御。整个古堡海拔1020米，三面沟壑，一面靠山，地势险要易守难攻，是理想的驻军之所。事实上，张壁古堡堡墙高垒、大院深锁、曲折迂回、机关巧设，也的确是作为一个集中统一的军事堡垒而建的。浓厚的军事文化构成她最大的特色。

可汗庙戏台为元代建筑。戏台结构很有特点，戏台面阔三等分而台口则不等分。这种拓宽演出空间的木架结构俗称"龙门驮担"，在国内十分罕见。我们到张壁古堡时，戏台上正表演着山西省非物质文化遗产保护项目介休干调秧歌。

通往可罕庙的32级台阶中间的坡道是用礓磜（cǎ）石铺就的，是古人为马拉辎重战车通往堡墙所筑。礓磜石材质粗，车辆在上行走不打滑。

鸟瞰可罕庙

可罕庙戏台始建于元代，是古堡现存三座戏台之中历史最久的

通往可罕庙的坡道和台阶

鸟瞰空王佛行宫

明代空王佛行宫,建造在北门丁字门顶上,坐北向南;大殿三间,殿内塑主像为空王佛,山墙绘空王佛成佛的故事壁画。殿顶明代三彩琉璃装饰,刀工细腻,烧制精致,形象逼真,栩栩如生。珍贵的是在行宫前廊下有两通罕见的琉璃碑,通体琉璃烧造,孔雀蓝底,黑字书写,碑额为青黄绿二龙戏珠,两边蓝黑龙纹花卉装饰图案。据专家考证,这两座碑是我国目前发现仅有的琉璃碑,具有很高的文物价值。

羊群通过北堡门瓮城

空王佛行宫门前石碑

空王殿前看老街

空王佛像

孔雀蓝琉璃龙吻

明代琉璃碑

古堡军事地道入口

古地道

古地道出口

古街老巷青石路

槐抱柳由槐树和柳树合并而成，槐树已有千年树龄，而柳树仅有六十余年

古街道上斑驳的光影

兴隆寺门前槐柳依依树荫茂密

龙鹤福

晋中市

"地上明堡，地下暗道"，不必再说地上建筑的堡上建庙、堂上套楼、房上建阁、墙中藏门，真正奇绝的是深藏古堡地下的隋唐地道。它全长4000多米，一直蜿蜒出村外的绝壁悬崖。地道为立体网状结构，分为上中下三层，最上层距地面2米左右，最下层距地面则有17到24米。地道设计奇巧，有哨卡、马槽、藏粮洞、伏击窑、通气孔等，可自由进行攻、防、退、藏、逃。地道的出口遍布全村，或在民居之中，或在古井之内，或依崖壁留口。它和地面上的堡墙、街巷、院落、民居一起，构成全面而有效的作战防御体系。

曾经在兴隆寺的门前按照天上南斗六星排列的六株槐树，树木茂密，是村里的老百姓聚集的地方，非常的热闹繁华，但是今天只能看到槐抱柳了。1947年的战火，烧毁了后面的兴隆寺，门前的六株古槐被烧死了五株。在最后一株槐树奄奄一息的时候，有位村民在它的根部插了一颗碗口粗的柳树，照常理说这样的柳树已经很难成活，但它不仅活了，而且救活了将死的槐树。古树专家说，树的直径在两米以上就一定有千年以上的历史，所以把这株树叫千槐半百柳。槐抱柳人们也叫它槐抱六，不仅怀念原来的六株槐树，更重要的是想让六槐依然繁衍在这片土地上、这座古堡中。有的人说，槐树像弓柳树像箭，也许受千年古军事文化的影响，连树木都长成了弓箭。更有人说，六棵槐树怀抱着石榴池也可以叫怀抱榴，寓意多子多孙，多福多寿。它们讲述的都是一个主题"生"，即对生生不息的祈盼。

龙鹤福，左是狂草，粗犷奔放，示字一点恰似龙头，寓意望子成龙。到右转成行书，形似鹤首，寓意长寿。下面口字，中间填实，表示家境殷实。写到"田"时，变成楷书，端庄方正，则是教导后人不忘根本，规规矩矩把田种好，体现了农业社会里祖先们对田的依恋和敬畏。

西南沟村

入选第四批中国传统村落名录。

西南沟村隶属于山西省晋中市昔阳县乐平镇，距昔阳县城六公里，有一处保存完整、颇具规模的地域民居建筑群——毛家大院。

始建于清嘉庆年间的毛家大院如诗如画

西南沟村 2016年被列入第四批中国传统村落名录。

西南沟村位于晋中市昔阳县乐平镇西南方向，距县城6公里，毗邻317省道，交通便利。

西南沟有一处保存完整、颇具规模的地域民居建筑群——毛家大院。毛氏民宅始建于清嘉庆年间，光绪、民国年间又进行了扩建和改建。整座大院背山面水，依山势而建，院内的砖瓦房古色古香，门外小桥流水如诗如画，至今已有200多年历史。整个建筑群由一街两巷六组大院、十五个相互贯通小院组成，宅院以轴线布局前堂后院，坐西向东为基本特征，主体建筑居中，左右厢房对称，前、中、后三院逐级递升，院院相通。在毛宅院落行走，能感到穿堂风在眼前吹过，仿佛是来自历史的问候。

我们向毛氏族人毛保同了解到，毛家人靠闯关东发迹，历代走农商之路，崇尚"耕读第"文化，靠商发迹，靠耕起家，靠读提升后代人的素质。耕田可以丰五谷，养家糊口，以立性命。读书可以知诗书，达礼义，修身养性，以立高德。所以，"耕读第"既学做人，又学谋生。这样就使毛家成为清代后期太行山一带的名门大户，拥有土地千余亩，还经营有钱庄、作坊、店铺、商号等产业。到了民国才走向衰落。

毛家大院入口

顺水而居守候细水长流的幸福

阳光里的老屋安静地释放出特有的缠绵，要把你融化在它们中间

毛家大宅院始建于清代嘉庆年间，民国时期进行了扩大和改建。毛氏几代走亦农亦商之路，崇尚"耕读第"文化，靠读书提升后人的文化素质。攀高门，联结姻缘；通官府，官商显贵。这样使毛家成为名门大户。最为兴盛时期拥有千余亩土地，在各地经营着作坊、店铺、商号和钱庄。毛氏院落占地50亩，依顺山势坐西向东，由15个相互贯通的小院，组合成4个大院，形成由一条街、两条巷连接的整体建筑群。院内的窑洞和砖瓦房都颇为讲究。主体建筑左右厢房对称，还有前、中、后三进院落逐级递升，且院院都能相通。门外有上马石、落轿平台，伴着小石桥下潺潺流水。彩虹般的石桥横于溪正中，颇有"垂虹跨涧"的意境。

斑驳的光影里仿佛走进了心中的桃花源

错落有致的老院有小桥流水相伴

高大的欧式门楼上雕刻着传统的松竹梅兰

老井台

毛主席语录印在门道的墙面

碾滚上依稀可辨的"道光年"

村口拱桥式高房上的宣传画

大院旁的石碾还能转动，碾滚上"道光年"的字迹和花纹还依稀可辨，似乎都在以静默的方式诉说着西南沟的今昔过往

最具西方特色的是一座欧式牌楼，于民国七年（1918）造成。顶端写有"螺鬓鹭屿"字样，左右为"休月""停云"，这样美丽的风景，海螺、白鹭也会来，明月、白云也会驻足观看。中间有四幅砖雕，为梅、兰、竹、菊。梅，凌寒留香；兰，美名远扬；竹，虚心正直；菊，傲霜斗雪。这大概就是大院主人的真实写照吧。

老宅门道两侧的墙壁上，当年毛主席语录还历历在目，新的宣传画告诉我们现在依然要艰苦奋斗。

毛氏大宅院与周围的建筑物，无论是奢华还是朴素，都隐藏了情感，隐藏了内涵。不显张扬的表达，沉寂在了静默中。

苍劲古树佑平

满墙的光阴里每一块青石都是主演

院里的阳光柔柔地钻进窑洞

农业学大寨时期所建横跨村口的拱桥式高房

晋中市

毛家大院的毓秀街

典型的砖砌大门

民居院落

长岭村

入选第二批中国传统村落名录。

长岭村隶属于山西省晋中市昔阳县界都乡,距昔阳县城二十五公里。长岭村僻静风雅,草木丛生,沟坡土地肥沃,自然环境优美。

把丰收的粮食堆积,让美好的生活更上一层楼

晋中市

长岭村 2014年被列入第三批中国传统村落名录。

长岭村坐落于山西省中部东境，太行山西麓，位于昔阳县城东约25公里。该村僻静风雅，草木丛生，沟坡土地肥沃，自然环境优美。自清朝乾隆年间陈氏家族的陈献璋成了国子监后，长岭村便得以兴旺发达。村里一面向阳的坡上，大大小小、错落有致地排布着10余处清代院落。

古民居、清乾隆年间的古牌匾、明崇祯年间的石碑、守护了百姓一年又一年的石雕狮王爷……安静地坐在阳光下的老人穿着一丝不苟，欢乐的儿童让古老的村庄散发着生机。

当地人说，长岭的古街院是一幅百品不厌的古画，是一部百读不倦的线装古籍。

村落民居

夕阳下的长岭村

老砖窑冬暖夏凉

民居入口

刚进村就巧遇长岭村主任张五棠,他为我们当了一下午向导,仔细为我们讲述了古村的过往……

漫步在古拙沧桑的青石板古街道上,如行画中,令人激动、慨叹。这些古街巷或东西贯通,或南北走向,游人抬头可睹山色,低头可赏村落。

长岭的古街巷命名颇有讲究：大多以地名命名，如东头街、麻地街、西头街、石板坡、四方地、东门地、刀把堰、淡羊池、寨坡；还有以建筑院落命名的，如碹筒筒、官房场等；有以树木命名的，如槐树坡、核桃街；有以姓氏命名的，如翟街；有以住户命名的，如五家脑……

古村的街道全是青石板铺就，岁月的履痕把一方一方大青石消磨得凹凸不平，沧桑不已，连檐下之石也水滴欲穿。这些见证过历史兴替的青石板，古代屯兵（寨坡）的战马踏过（20世纪80年代村民修新窑，曾挖出穿着战甲、戴着武盔、拿着令箭的武将尸骨），乾隆国子监、太学生以及道光拔贡的布履踩过，抗日战争刘邓师部、徐向前元帅、陈赓将军住过（翟家院），如烟往事从这里悄然逝过。

乡村的街道全是不规则的石头铺就，过往的岁月似乎已把凹凸磨平。乡村的历史就是一本充满浓厚传统文化的书本，每一个有本村血脉的人都带有与生俱来的根祖禀性。老宅民居、崇祯年间的石碑、乾隆年间的牌坊、守护着乡村百姓一年又一年的"狮王爷"……

感受最深的就是那片古民居了。在整个一面向阳地坡上大大小小、错落有致地排列着10余处院落。原来这10余处院落互相连通，有共同的大门，不过在后来的岁月中被分到了几十户人家手中，如今各成系统。

光影农家院

草木丛生土地肥沃的长岭村

大户人家的高台阶正房

石磨石槽

陈家大院,村人俗称四合斗院

1938年2月16日下午,八路军三八六旅七六九团到达长岭村。2月18日中午,在官坊场集中数千名将士召开了总结战斗经验、布置战斗任务的动员会,刘伯承作了动员讲话。

长岭村居民使用的农具

长岭古村官坊场一角

晋中市

乾隆十八年敕封主人陈献璋（国子监）的"兰台虚左"木牌匾

街道

西庭院的砖雕照壁

烧锅圪台街矗立着一座"圣旨"石牌楼

北岩村

入选第四批中国传统村落名录。

北岩村隶属于山西省晋中市昔阳县皋落镇，距昔阳县城六十公里，是省界最边缘的山村。

北岩村 入选第四批中国传统村落名录。

山西省晋中市昔阳县皋落镇北岩村距县城约60公里。重重大山之中，顺着盘山的乡间公路，穿过一条人工开凿的隧道后，路面随山势迅速下降了数百米。到达平缓地段后继续北行，就是省界最边缘的山村——北岩。

从两公里外的高处用长焦距镜头望去，巨大的山崖下，错落拥挤着石砌的房屋窑洞。村口平坦的位置上也有了几座新房，尽管与老房旧屋连成了一片，但是在画面中还是格外显眼。

北岩村地处太行山，满目都是山石。居住于大山的崖壁之下，背风向阳冬暖夏凉，许多人家以山体岩石为自家的后墙。凭借石崖的呵护，房屋窑洞少受自然风雨的侵蚀，阴雨连绵的季节也可在户外碾米磨面。因陋就简、就地取材，与大山融合而为的生存理念，不知是当年刻意的匠心所为，还是顺应自然的天作之功。祖祖辈辈顺应自然生态的生存方式，呈现着汉民族认同的农耕归宿，相互映衬着凝结了数百年日月精华的从容仪态。

黄土地的尽头，巨大的山崖下就是安静的北岩村

挑水的老人

村口庙

石崖呵护北岩冬暖夏凉风调雨顺

墙壁上隐约可见的人文记忆

岁月流转，古今交替，全村50多户人家拥有百十亩较为平整的土地。祖祖辈辈与土地打交道，躬耕田垄靠天吃饭、安土重迁，与这方水土的情感融入了血脉，固守着一幅质朴的农耕风貌。今天我是第二次到访北岩，在村口首先看到"村村通"的水泥路面又用杂土覆盖，正疑惑时遇到67岁的村民王秀根。王秀根解释说是为几天后在此地拍摄的一部抗战时期的电影做准备。

偏僻的山村，正是农耕文化的纵深之处，从古及今，山村没有过繁华热闹、饥馑流年。王秀根就在本村出生长大，在他的记忆里，村里似乎从来没有发生过什么大事情。北岩村现实的农耕生活还固守着强盛的农耕人文记忆，充分证明汉民族自我认同的文化归属感。

守土恋家是受交通环境影响的山里人群体性的传统概念，具有明显"求生存"的地域特征。质朴、保守、崇和、求稳，在传统农耕文化中"家"占有着重要的位置。生活习惯、思维方式以及长期形成的农耕文化生态，生生不息薪火相传，自然带着乡土文化的地域特征，人间烟火自然会触

晋中市

庄户人家 　　　　　　　　　　　　　　　　　　　　　羊群

及每一个造访者心灵最柔软的部位。

在王秀根的引导下，我的镜头里拍摄到一位村民正在准备春耕时的农具，一位家庭主妇正在那盘老石碾上加工米面，做饭取暖的柴火整齐地堆垛在门洞里，一位石匠正在用力雕凿碾盘；墙壁上留下的时代标语并未完全消失，崖壁上烟熏火燎的墨黑，周而复始地飘散着袅袅炊烟……画面中的影像记载了无法一一罗列的生活状态，如同时光留下的潜影，还在慢慢地显现。

石屋

农家院

老器物

放着农具的老院里晾着玉米

心愿

筛面

村口河神庙

河神庙石碑

人间烟火

晋中市

山村院落

长治市

古称上党、潞州、潞安府等,原为潞安府府治所在地,得名于明嘉靖八年(1529),取长治久安之意。

地处晋东南,晋、冀、豫三省交界,全境位于由太行山、太岳山环绕而成的上党盆地中。

岳家寨

入选第一批中国传统村落名录。

岳家寨隶属于山西省长治市平顺县石城镇，距平顺县城六十五公里。村庄地处山花烂漫的半山腰上，四面悬崖峭壁，崖头草木葱茏，原名下石壕村。

历代村民就地取材，用本地特产的石板盖房、铺路

岳家寨 位于山西省平顺县石城镇，入选第一批中国传统村落名录，距县城 65 公里。

长治市

金秋时节，红叶点缀层林尽染。道路迂回蜿蜒，百折千回，跌宕起伏；沿途峡谷深邃，山峰逶迤连绵，道路两旁千沟万壑；陡峭弯曲连绵不绝，车辆仿佛置于云雾苍穹当中，真正是惊险刺激至极！这里是俯瞰太行山壮美风光的绝佳位置，满眼望去，无处不是大气磅礴的国画山水长卷，顿感心胸开阔、杂念全消。幽深的峡谷、直立的岩壁，带给你强烈的视觉震撼。翻过不知多少山梁和深谷，感觉到了太行最深处，忽然在不远处的半山腰上出现了一个小山村，那就是岳家寨。任何村落的发展变迁，都有人与自然的各种因素。岳家寨本名下石壕，因村里人家大多姓岳，相传是宋代抗金名将岳飞之后裔，为发展旅游业，于是喊出了这个响亮的名称"岳家寨"。岳家寨村分布在体量不大的两个小山垴上，朴素的建筑，朴素的山村，是太行山深处很典型的小山村。在悬崖峭壁的环绕中，石头成为山村取之不尽、用之不竭的资源。世世代代村民就地取材，盖房、垒墙、砌院……石碾石磨，石街石巷，在石头堆上砌出一个岳家寨。

步步有美景 人在画中游

岳家寨进村口

悬崖绝壁上的岳家寨，房子依山势而建，错落有致，面积不大，清一色的石头房，就连屋顶上都铺着一块块石板

石头的光影里感受美好时光

长治市

石板屋顶

村景

踏着石梯而上

石台阶　　　　　　　　　　　　　　　　　　　　　　　　石碾石路石房

暖暖的石巷里有满满的爱

老巷里的光影让你忘了身处哪个时代

人间烟火

被时光凝固的老磨盘

古树和山神庙

窑洞

长治市

街门口

  与大山相融合，生存空间狭窄局促，功能紧凑，就连闲话家常的空间也很有限。这里的一切都依附于村民的生活需要而存在，许多人家都没有院落的空间。山石上凿出阶梯，串起上下蜿蜒曲折的小巷，串起各家各户的通道，让山村富有了生活气息。

在这深山乡村，默默地坚守着一个供销社人——岳晚增。他19岁时子承父业，开始了供销社的店员工作。那时下石壕还没有开通公路，往返数十里的弯弯山道，他用背篓、扁担运送货物。数十年的辛劳，为山村的家家户户的生产、生活承担着"百货公司"的责任。往返54年来运送货物的重量得以百吨计算。54年他得到的是村民的信任、赞誉和满满一墙的奖状。中央电视台也曾多次来到岳家寨，对他默默无闻的事迹进行过专访和报道。

岳家寨的供销社里讲的不是单纯的买卖

石墙上红艳艳的喜字告诉我们岳家寨美好的未来

满墙的奖状讲述着岳晚增一生的精彩

石屋、石墙、石碾

满是荆棘的花椒树上把美味剪出来

艺术家激情澎湃在太行山中挥毫作画

在一户人家的石墙和门窗上都贴着鲜红的喜字,家里老人说前几天刚给儿子办了婚事……

写生的艺术家、弥漫在人间烟火中的老人、剪花椒的大妈……这一切就是生动的岳家寨。

虹霓村

入选第二批中国传统村落名录。

虹霓村隶属于山西省长治市平顺县虹梯关乡，距平顺县城二十公里，与通天峡景区相临。村中有国家级重点保护文物明惠大师塔。

高山峡谷小村如画

虹霓村 入选第二批中国传统村落名录。村中明惠大师塔为国家级重点保护文物。

山西省平顺县虹梯关乡虹霓村距县城20公里，全村265户，7632人，村域面积6.5公顷。虹霓村气候温和，物产丰富，风景优美，交通便利，高速公路虹霓峡出口向东一公里就到。

太行山深处的峡谷中，有一座依山傍水的小山村，河水流经这里时，跌入落差60余米的山崖下，形成自然瀑布景观，涛声入耳，蔚为壮观。因在阳光照耀下，呈现出旖旎的虹霓而得到这个名称——虹霓村。

长治市

落差60余米的瀑布之上就是虹霓村

太行山下小桥流水

小溪里倒映着千年古村

距今已有1300年历史的虹霓村，曾是晋豫古道上重要的贸易货物集散地，一直延续到20世纪60年代。村中最早的建筑是一座用石料建筑的明慧大师舍利塔，被列为全国重点文物保护单位。虹霓村的"海会院"是后汉年间兴建的寺庙，明慧大师曾在这里住持。

寺庙后来又被称作佛爷庙，早在1955年就被改做学校。现在学校的设施颇为现代，只是学生不多。我们拍摄时三年级的教室里，只有两个学生。

唐代明慧大师舍利塔

舍利塔上的砖雕

虹霓村学校大门

学校教室

三年级只有两个学生

操场上的乒乓球案

长治市

太行山中的小村庄

古树下的磨盘石碾

村中的街道

石屋石墙石巷

巷口石墙的影子被秋日拉得很长

很久未住人的院子里依然有阳光

老庙的院子里把秋的果实收藏

老庙的院子

　　村委会的大院里还保存着数件石碑，记载着曾发生在这里的故事。

　　村主任王宝国向我们介绍说村里还有一处新石器时期的洞穴式民居，现在还有人居住，洞内崖壁上烟熏火燎的堆积物，顺着崖壁的缝隙漫溢到洞外。村中房屋建筑大多就地取材，用石块垒砌墙壁，依地势变化高低错落，形成了太行山区聚落形态的建筑特色。

　　岁月迁移的潜意识，陷入了人类曾经的过往，影像足以证明这里是农耕起源最早的地区之一。

　　下午的阳光照在黄土泥墙上，满目都是阳光的痕迹，一块红布格外的鲜艳，影像延伸出的只是一种念想……

长治市

新石器时期的洞穴里依然住着老乡

红色的旗帜在黄土墙上飞扬

广播站里曾经歌声嘹亮

奥治村

入选第二批中国传统村落名录。

奥治村隶属于山西省长治市平顺县阳高乡,距平顺县城四十五公里。奥治村地处浊漳河畔,是一个历史悠久、经济发达、文化灿烂、和谐文明的古村。

长治市

奥治村 2013年被列入第二批中国传统村落名录。

奥治村位于山西省平顺县北部河谷的浊漳河畔，地处太行山南部山区。东西宽约5公里，南北长10公里，总面积约50平方公里，1300余口人。这里水绕村庄，山色水韵，风景秀丽，是一个历史悠久、经济发达、文化灿烂、和谐文明的古村。

奥治村是一个历史悠久的文明古村（错凿沟见证）。舜时就有人类在这块土地上生活。殷商属黎国，春秋战国时属晋韩赵辖地，秦属上党郡，西汉时属并州上党郡，隋改上党，分属黎、潞，唐、宋、元、明、清属黎、潞、壶三县分辖。平顺县几经裁立，民国六年（1917）复立平顺，属潞安府管辖，奥治村的所属也就因此变迁而确定了。

奥治村四面群山环抱，沟壑纵横，大小山丘迂回盘结，海拔460米，年平均气温13.5℃。霜期短，全年仅60多天，生长期长，属温暖气候。年均降水量300多毫米（十年九旱）。

图①～③远眺奥治村

民居二层楼

顺阶进入大户门

戏台上常有节目表演

古戏台

老民居还在使用着

二层楼的四合院

村中戏台院

戏台中间的装饰有时代特点

长治市

奥治村虽居贫穷落后的太行山区，但相对而言，在平顺还算是较富裕的传统村落，是革命老区之一。早在宋、元、明、清就享誉上党，尤其是明、清时代，奥治人才辈出，文武兼备，前后百余年出进士2名，贡生、禀生、优贡、拔贡13名，举人9名（其中武举7名），村民在农闲时学文练武成俗，几个朝代坚持始终。有常年在外阜当先生的、当教官的、经商做买卖的，有给外地富豪当保安的，有在镖局当差的……仅明清年间村人离土在外谋职的就有1200余人。明朝晚期，因较富裕，囤积钱粮多，有百余名横行上党郡的"响马"闯进奥治村抢劫财物，被村民打得丢盔弃甲、狼狈不堪，赶到村北一沟内，无路可走，被打死、崖头摔死80余名，其余30多名，遍体鳞伤，七瘸八拐逃走了。后来这沟就改为"响马"沟，从此奥治村威大振。不管是外出运粮，还是到外做工、经商，有三五人相伴，只要说是奥治人，一些二流子就不寒而栗了，更不敢惹是生非了。在清朝中、晚期间，河峧沟就流传着"吃不完耽车粮，花不尽奥治钱"的民谣。奥治的宅院建筑，虽说上规格的不多，但无论是石工雕刻打磨、木工浮悬雕刻，还是造型风格、艺术结构等均列平顺前茅。

物语

老屋老楼老情思

门楼

长治市

石雕柱础层叠精美

砖雕窗楣有古意

飘香季节

独特的地理位置,使得奥治村成为国家4A级旅游区太行水乡黄金地段,2007年至2014年连续七年、2016年被县委、县政府授予"红旗村""尊师重教先进单位"称号,其中在2009年分别被长治市、平顺县推荐为"山西省旅游名村",被长治市委、市政府授予"平安村""文明村"。2013年入选"中国传统村落",2014年公布为"中国历史文化名村"。

豆峪村

入选第四批中国传统村落名录。

豆峪村位于山西省长治市平顺县石城镇浊漳河北岸崇山峻岭中一条名叫豆峪沟的山沟里,距镇政府约四公里。整个村子依山势随形而建,有一种古朴秀致的美。

长治市

豆峪村所在的石城镇位于晋冀豫三省三县（平顺、涉县、林州）交界处，是平顺县的东大门，浊漳河横穿东西，324省道贯穿全村。自古就是出河南河北入山西的咽喉，也是晋冀豫商贸流通的要道。

豆峪村始建于隋末唐初。传说兵败的窦建德在豆峪村北断疙廊中遭李世民埋伏，被斩杀埋葬此处。后窦建德姓高、姓晋两位副将留守此处，高晋大院至今尚存。并有传说中的窦王墓。村名因此得"窦"，后简写为"豆"。又因村庄地处大山的河谷之中，曰"峪"，合称"豆峪"。村貌古朴而苍然，旧宅老树最显眼。置身于群山环绕的豆峪村中河道，东望是观音庙南上下成片的老房子，西看是文昌阁北顺坡就势梯次层建的旧民居，全都掩映在老树绿荫里。

太行峡谷

村中街道抬升了不少

春天的古村有生机

富户老房子

二层民居四合院

长治市

石砌老房石板台阶

四合院一角

村口的影壁墙

街口的小庙

进豆峪村必经的文昌阁为明代遗构,挑角飞檐、气势恢宏。文昌阁建在一座石拱碹隧道上,拱碹隧道高2.6米,宽约2米,长度约10米,坐北朝南,犹在村口迎宾。文昌阁供奉的是文昌帝君,掌管天下士人功名。它是出入村子的门户,供行人马车出入。在村子最后面,也有一座庙,是关帝庙,据说是清代所建。格局形制和文昌阁相似,坐落在一座石头隧道上。豆峪这个千年古村,历史文化积淀浑厚,文物古迹遗存众多,有药王庙、龙王庙、窦王庙、文昌阁,晚清举人刘日增故居、革命烈士碑亭等。

烈士碑亭立于文昌阁中,碑阳刻"民族英雄"四字,碑阴刻"纪念烈士碑序",文本楷体,记述了史建、岳喜生等在抗战及解放战争中牺牲的烈士生平。村中还有刘伯承元帅1942年指挥八路军反日寇九路围攻时住过的旧居。

一个院落承载一个家族的命运,村口那棵老树铭记着一个村落的演变,斑驳的石碑上镌刻着一段村庄的史篇。我们踏着被岁月磨圆棱角的青石穿行在幽深的小巷,仿佛走进了久远的历史空间。

两间土坯房相依

东庄村

入选第一批中国传统村落名录。

东庄村隶属于山西省长治市平顺县石城镇，距平顺县城六十公里，北靠卧牛山，南瞰浊漳河，系山西东南边陲山区农村。

北靠卧牛山，西瞰浊漳河，与举世闻名的红旗渠隔河相望

东庄村 入选第一批中国传统村落名录。

山西省平顺县石城镇东庄村距县城60公里，北靠卧牛山，南瞰浊漳河，依山傍水，风景秀丽，与举世闻名的红旗渠隔河相望，与冀、豫两省为邻，东行仅十公里即可脚踏河南、河北。系山西东南边陲一山区农村，324省道依村而过，交通非常便利。村中居住有赵、岳、王三大家族。这里有王家大院、岳飞后裔旧居一条街、赵家老屋等规模宏大、保存完整的明清建筑；有龙王庙、观音堂等庙宇殿堂10余处；有耍老拳、唱院戏、出花样等一大批非物质文化遗产，还有卧牛山观景、金刚顶览山、浊漳河垂钓、观看鸬鹚捕鱼、赤手捉蟹捉蚌捉河螺、桑葚采摘等，拥有一大批历史人文和自然风光景点，是乡村旅游的绝佳理想地。

长治市

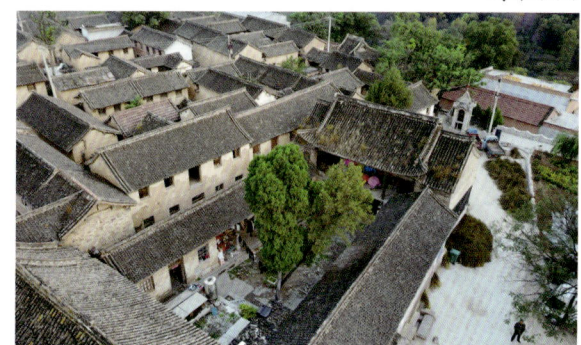

鸟瞰古庙

黄昏的村庄铺满了夕阳

新建的村口大城门

无人居住的老院里充满荒凉

木柱石础高高的房

青石外面裹着黄土的墙，微风轻轻吹过古老的小巷

精细大气的门和窗

土蜂蜂巢

古村深巷红红的对联里写满吉祥

紧锁的当铺院里不知是否
还有当年的宝贝埋藏

东庄伏羲大典耍老拳

观音堂又称三大士堂。文殊、普贤、观音三位菩萨主要是保佑平安,送子送财送吉祥,救苦救难,普度众生。大慈大悲观世音菩萨堂,建于明代,为悬山式四挑角飞檐建筑

过街楼现已不用了

老建筑上的砖雕

村口英雄纪念碑

大庙前的广场

村中小巷

　　真武阁又称玄武大帝阁。玄武大帝也是真武大帝，俗称真武爷，司管水患，镇妖除魔，为正义之神。真武阁坐北朝南管浊漳河水，村口镇妖孽。阁上有神圣，坐南朝北，是观音菩萨保佑赵姓家族平安兴旺。此庙由赵姓家族保护、打扫、管理，祖辈相传。真武阁为石碹上庙阁，原是十字东西南北碹，因建在村南口河岸上，久而久之浊漳河泛滥冲刷成崖岸，逐而将十字碹改成今天的南北一字碹。始建不详，改建明末。

　　烈士塔是为纪念为国牺牲的烈士而建的。

　　灵泽王庙是东庄村中的龙王大庙，占地800平方米，始建不详，明万历年间又重修。是人们祈祷风调雨顺、五谷丰登之处。在东庄村，养土蜂采蜜是流传很久的一门技艺，可追溯到清代初期。

白杨坡村

入选第三批中国传统村落名录。中国最美休闲乡村。全国人文生态旅游基地。

白杨坡村隶属于山西省长治市平顺县石城镇，距平顺县城七十公里，"人工天河"——红旗渠绕村而过。

醒目的标语是特色

白杨坡村 入选第三批中国传统村落名录,是中国最美休闲乡村、全国人文生态旅游基地。

山西省长治市平顺县石城镇白杨坡村,北临省道324线5公里,东距河南省林州市40公里,北距河北省涉县50公里,西距平顺县城70公里,距长治市90公里。

白杨坡村坐落于平顺"太行水乡"景区中心地带,"人工天河"——红旗渠绕村而过。这里山清水秀、风光秀丽、古建众多、民风淳朴。近年在打造乡村旅游中,获得了"中国最美休闲乡村""中国传统村落""全国人文生态旅游基地"等桂冠。全村36户,108人。村子较好地保留着农耕文明生活特色,拥有省级和市级非物质文化遗产保护项目各3项,对大红袍花椒、小米、玉米圪糁、黄豆、绿豆、柿饼等6项农特产品进行了无公害认证。2016年接待游客3万人次,旅游综合收入30万元,农民人均纯收入4000元,村里15户贫困户全部脱贫。获得了"红旗党支部""山西省旅游特色村"等多项荣誉称号。

戏台大院

绿树掩映白杨坡

房前屋后挂满了金色的秋

收获堆满整盘磨　　　　　　　　　　　农家生活

新修的接待中心

长治市

纺线织布

红彤彤的花椒几箩筐，椒香溢满小村庄

明正德年间动工修建，2012年修缮的老房

老磨不动已有年

　　白杨坡村与国家4A级景区——"人工天河"红旗渠、河北涉县129师旧址、娲皇宫，以及神龙湾、通天峡、天脊山等著名景点，还有"中国传统村落"东庄村、岳家寨、上马村、奥治村等数十个旅游点相邻。这里往来公交线路众多，交通极其方便。

　　白杨坡四季分明，景色各不相同。每年5—10月为最佳旅游时节。

　　传统主食有面条、拉面、烙饼、锅圪了、和子饭、抿圪斗。传统菜品有槐花菜、灰灰菜、扫帚苗、龙柏芽、马齿苋，以及皮炖儿、皮渣、红烧肉、白水豆腐等。

　　特色农产品有大红袍花椒、柿饼、核桃、小米等。

　　特色工艺品有剪纸、绣花鞋、鞋垫、枕头顶、布老虎、花肚兜、土布床单等。

芝麻黄豆摊一场,广阔天地是家乡

红枣落地上,鲜花伴你入老房

鲜明的老口号仍然鼓舞人

长治市

石垒大墙画传统

古戏台

老井

烈士碑

晋城市

古称建兴、泽州、泽州府，山西省辖地级市，位于山西省东南部晋豫两省接壤处。全境居于晋城盆地，总面积9490平方公里，自古为兵家必争之地，素有"河东屏翰、中原咽喉、三晋门户"的美誉。

华夏文明发祥地之一，两万年前便留下高都遗址、塔水河、下川等人类遗址。是女娲补天、愚公移山等神话发源地。

拦车村

入选第一批中国传统村落名录。

拦车村隶属于山西省晋城市泽州县晋庙铺镇，距晋城市区二十六公里。地处巍巍太行南端一条两公里长的山脊上，得名于家喻户晓的"孔子回车"典故，为晋豫相交之要冲。

晋城市

拦车村 位于山西省晋城市泽州县晋庙铺镇，入选第一批中国传统村落名录，是中国历史文化名村。

拦车村建于巍巍太行一条2公里长的山脊上，紧连晋洛复线，距晋城市区26公里，东与范谷坨村接壤，距晋庙铺镇仅1千米。全村共2个自然村。拦车村得名于家喻户晓的"孔子回车"典故，为晋豫相交之要冲，曾一度被称为"星轺驿"。拦车村作为山西进入中原的门户和河南进入山西的第一所驿站，鼎盛时期晋豫商贾南来北往，摩肩接踵，熙熙攘攘，热闹非常。当地民间有"拦车官街人挤人，挑肩拉货挤不出城"的说法。以星轺命名，足可见其作为古代的通衢大驿的重要性。物质的繁荣同时也带来了文化的交流和繁荣，历代众多文人墨客途经拦车，留下了皇皇上百首诗词文赋，使星轺驿承载了厚重的历史文化，构成了拦车村一道独特的文化长廊。

村口道路及水池

良田围绕着古村

清水老村通古今

石路旁的水池

街道

老屋的现状

村口新建戏台

高大的村北门

拦车村时至今日,依然保持着浓厚的文教风气和商业传统,依然存留着大量保持原貌的商铺。走进拦车村,铁器行、杂货铺、粮油店、百货店、药店、当铺等等密布于官道两侧,贯穿南北;东店、西店、全盛店、顺兴店、立顺店和上、下孔院,南、北同陞店等纷呈于北、中、南各街巷中,鳞次栉比;文武衙门、厘金局、邮政局坐镇中部,布局有序;南阁、北阁、八字阁扼守要冲,拱卫驿站……点点滴滴共同构成了拦车村独特而灿烂的历史文化,成为拦车村永远的历史记忆。

晋城市

过去商贾在此居

匾额

匾额

街道旁的二层民居

老宅院

村中的关帝庙

关帝庙山门

精美的砖雕

拦车北库有住户

老宅院中故事多

拥挤的建筑

高大的村门过街楼

天井关村

入选第二批中国传统村落名录。天井关村隶属于山西省晋城市泽州县晋庙铺镇，距晋城市区二十六公里。这里是太行山的最高峰，是山西通往河南必经的沿岭官道，所以合其意名为"天井关"。

天井关村 入选第二批中国传统村落名录。

天井关在晋城市泽州县南20公里太行山的顶峰。当地的明朝万历年石碑中对天井关记述，"粤惟天井关之名，其制自赤帝子时起而石峰嵬然叠出于朱雀方，东控孔圣车，西回尧舜故址，面带黄河，背负全晋盖亦地之灵者"。这里是太行山的最高峰，孔子两千多年前曾到过这里。因此，这里有说不完道不尽的历史故事。因为有了孔子回车的故事和历来官府对于太行山军事要地的重视，天井关村自古名声外传，被称为泽州四大景观之一。太行山的顶峰，原有三眼井泉，在《汉书·地理志》中有记载。此井直径大约2米，其深莫测，

有人投石入井终不得回声。后来人们以太行山之峰高，井泉神奇，又因这里是山西通往河南必经的沿岭官道，所以合其意而取名为"天井关"。在历史的不断演变中，唐朝以山为名叫太行关，宋代取其险峻叫雄定关，到了元朝时又称平阳关。但无论如何改称，都在历史记载中记述了天井关的名称。明代《山西通志》记载："天井关在泽州南四十五里太行山绝顶，即孔子回辙处。"

又据明代《山西通志》载："宣圣回车辙，在泽州南四十五里天井关石上。孔子将入晋，闻赵简子杀贤大夫窦犨鸣犊、舜华，至此回辙，遗迹见存，深尺许长百余步，后人因立庙道左。"在山西的许多志书中也有同样的记载。这里提到了

晋城市

拦车碑碑亭

孔子在入晋路上听说赵简子杀贤士的事而返郑，我们在《孔子家语》中看到了有关孔子回车的文字："孔子自卫将入晋，至河，闻赵简子杀窦犨鸣犊及舜华，乃临河而叹曰'美哉水，洋洋乎丘之不济此，命也夫'，子贡趋而进曰'敢问何谓也'，孔子曰：'窦犨鸣犊、舜华晋之贤大夫也，赵简子未得志时须此二人而后从政，及其已得志也而杀之。丘闻之，刳胎杀夭，则麒麟不至其郊，竭泽而渔，则蛟龙不处其渊，覆巢破卵，则凤凰不翔其邑。何则？君子违伤其类者也。鸟兽之于不义尚知避之，况于人乎？'遂还，息于邹，作槃操以哀之。"

孔子是在河边听说赵简子杀贤，是对着河水说了这番话后就回车了，当时不知离天井关还有多远。孔子周游列国十余年，遇有道路不熟悉或山洪水害等情况而回车转辙应该是十分正常的。各地有许多孔子回车的传说也就不足为怪。不管孔子回车的事件有多少种说法，但是像天井关前十里有拦车村、关口处有回车辙、辙沟旁立有回车碑，以及自汉代起天井关还建有相当规模的孔庙，明代维修孔庙，碑中也有明确的黄鼠拱立和顽童拦车传说记载，并且在明清山西省地方志中均有明确的文字记载，这恐怕是目前国内有关孔子回车事件最有事实依据的地方了吧。距孔子回车碑西20多米，就可以看见天井关的孔子回车车辙，深度不到十五厘米，共有四道。

沿着天井关的关门进入天井关村内,发现这里并无前面的车辙,取而代之的是现代化的水泥路。天井关门建在一个坡道上,外低内高。城门可供大卡车通行。据记载和考证关门是明代原物,门头上的天井关石匾文字刻得较深。关门二楼上有两个六角窗,便于关上城门后向外观察瞭望。

　　在城门内的楼梯上,我们见到了一个一米见方的大石块,上面刻着一个"元"字,老乡们说这是关外原来的孔庙上拆下来的。现在关门上的二层楼被当作了老乡们的仓库。关楼的两边都有老民房。书上记载的通道上的车辙早已不见了。

一米见方的古代石刻被保存了下来

晋城市

天井关大门楼

高速公路天井关出口

门楼石匾

古代的老车辙双向通行

进入天井关村内

天井关石砌房高大结实

老屋上精美的砖雕

琉璃件

古泽州自古就盛产煤和铁，尤其是到了宋元时期，晋城泽州的钢针几乎行销全国。泽州离天井关仅40多里，所有的物产几乎都要经过天井关而销往河南乃至全国各地，所以天井关当时的商业活动，尤其是店铺十分兴旺。由于这里是官道，是往来商贸人士必经之路，一定要给过往客人创造一些方便，住店歇脚询问百事，乡人自然就可赚些散碎银两。日积月累，天井关村人必然会盖起像样的房子，村中的老房

明代戏台翻修后　　村中指向的石猴　　　　　　　　　　　　原来的村公所

《明代天井关碑记》载有孔子回车

子大多盖成二层楼。不过这狭窄的山脊上，中间是主街道通行，房子的后边也许就是万丈深渊了。所以村子只能顺官道呈细长条一线形建设。在村中建有玉皇庙，人称大庙，保存完好。

高处还建有一座关帝庙，其庙形制古旧。关帝庙所占地理位置基本上是天井关村的制高点。庙中有主殿和戏台，主殿的前墙上砖雕力士男婴裸体托座像，生动喜人颇有艺术性，另有梁间莲花木雕陪衬，显得古朴大方。庙院中的两棵柏树高大挺直，庙内的墙上镶着《重修关帝庙碑记》。整个庙院看上不大却很整齐大方，刚刚维修过的街道显得整齐干净，路两边还镶上了大石条。在村中向南的唯一丁字路的南面，有一只被砸掉头的石猴，老乡们说这是天井

关村历史最久远的标记，叫石猴指路，是天井关的路标。石猴面向的方向通陕西，猴子的左侧通往河南，右侧通往山西。村中的一些老房子大都以当地特产的青石条作材料，有的也盖砖楼。随着时代的发展，一些老旧的房子破损后也被新的样式取代了。但在有的老房前我们还能看见过去建房时烧制的房顶琉璃大构件。

村中现在主街道两旁的老房子都刷成了白色，沿着街道行走也像一般的乡村一样，比较宽阔平整了。村民们大都能讲上一段天井关的历史故事，一些年长者还留念着古道给这里带来的乐趣。

清朝时官府设在天井关的官府老房子是一座小二楼，门头上的木雕确实比一般老百姓家的精细。

不远处倒是有一户人家的门前铺了十几米长的石板路。顺坡而上看到民房前有一只向外张望的大黄狗，辅以石板两边的绿草，乡村野趣的画面顿时让人眼前一亮。这才是游人寻找的早年情景。

苏庄村

入选第一批中国传统村落名录。

苏庄村隶属于山西省高平市河西镇，距高平市区十公里。这里依山傍水，地势优越，晋商大院高度密集，古街老巷旧貌犹存，民居从建筑工艺到数量均为高平之最。

苏庄村 为第一批中国传统村落、第五批中国历史文化名村，位于高平市河西镇北部的河谷平川区，西靠牛山，东临丹河，太洛路穿村而过。这里地势平坦、交通便利，自古便是高平通往晋城的必经之路。北距高平市约10公里，南距晋城市区30公里。

相传初有苏姓建庄，但是创始年代不可考，此后不断有李姓等迁入。只是到明代中叶至清代初年，才分别有贾、杨两姓迁入，人口剧增，村庄扩大。苏庄村是一个以清代晋商宅院为主要建筑的传统村落，墙厚楼高，庄重典雅，是高平市晋商大院高度密集的传统村落，民居古建星罗棋布。

古街老巷旧貌犹存，其中仅清中前期的院落就有近百处，这些民居从建筑工艺到数量均为高平之最。它的建筑艺术、装饰艺术、雕刻技巧鬼斧神工，超凡脱俗，别具一格，并巧妙地将木雕、砖雕、石雕融于一院，无论是院内院外，还是房上房下。

晋城市

雪掩老村

村民文化活动

高大石柱撑起大院门

缩入墙内的老宅门

老村中心的大户人家旧屋

四合院中老楼生辉

石柱架梁老宅院

晋城市

二层老屋

雪中老院落

高墙大宅门

漂亮的四扇门

百纳布门帘

近代砖雕门饰

晋城市

图①~③带有文字的柱础

图①②门头石刻

房屋梁柱结构

门环

在这里，随处可见雕刻精细的建筑艺术品。这些艺术品从屋檐、墀头、斗栱、雀替到础石、门窗、照壁均是精雕细刻，匠心独运。既有北方建筑的雄伟气势，又有南国建筑的秀雅风格。与其说是一组组民居建筑群，不如说是一座座建筑艺术博物馆。

图①~⑥木雕装饰

晋城市

村中的路不宽，因而房角被砌成圆角或斜角　　　　　　　　　　　　　　老过街楼

雪后的村庄

砖雕　　　　　　　　　　　　　　　　　　　　　　　　　　　图①~③木雕装饰

良户村

入选第一批中国传统村落名录。

良户村隶属于山西省高平市原村乡,距高平市十七公里,被誉为一座活着的太行古村落。

良户村 入选第一批中国传统村落名录。2006年山西省政府授予山西省历史文化名村,2007年公布为第三批中国历史文化名村。

良户村中的玉虚观古代建筑群为全国重点文物保护单位。蟠龙寨侍郎府为晋城市重点文物保护单位。

良户位于山西省东南部,距高平市西南17公里。

良户自然环境得天独厚。古村坐落在三架大山梁上,三面环山,四河汇水,北枕凤翅山,南耸双龙岭,正对虎头山,西连高平关老马岭。现辖良户、蟠龙寨两个自然村,主要建筑依自然形势顺势择吉而建。

晋城市

门巷

乡村主街道

过街楼

过街楼

为了交通方便而采取的转弯抹角的建筑方式

相传唐代中叶,郭、田两大家族在此形成村落,故古称"两户"。从宋代初年开始,陆续又有王、李、秦、赵、张、高、邵、宋、宁、苏、窦等外姓人家迁居此处,人口不断增加,村落逐渐扩大,至元明时已很具规模,村名也由"两户"改称"良户"。良户村历史悠久,战国时期长平之战时,这里是秦军东进的必经之地,周边空仓岭、安贞堡、秦城、马游、康营(古光狼城)、皇王寨、皇王头、古寨等和长平之战有关的地名可为佐证,村落最早出现于这个时期。

金代庙宇

晋城市

金代庙宇

宅院

乡村主街道

石雕牌坊

石柱梁架四合院

街门

街门

牌坊院

二进院门

石柱四合院

悬挂匾额的门楼

石柱楼

吊桥楼

良户村东西较长,北高南低,主要街道有后街、西街、东街、太平街和蟠龙古寨。街道多数是沙石铺砌,排水流畅。古代多数家庭是耕读传家,从良户遗留的大量门匾题字可以看出古代注重文教,民风淳厚。据老辈人讲,过去村子里面可以不出村子就能解决基本生活日用品,有商铺、丝绸布店、杂货店、铁匠铺、当铺、染坊、榨油坊、木匠店等等。当地人现在都保留了加工金银首饰、打铁铸铝锅等手艺,俗称小炉匠。煤铁林木石料资源丰富,建筑用的砖木石灰都可以就地取材。

雄风灵韵侍郎府,固若金汤蟠龙寨。可谓是藏风聚气,山清水秀,人杰地灵。

当代著名传统村落保护专家、清华大学陈志华教授认为,良户村是我国现存明清两代最杰出的太行传统村落之一,堪称我国传统村落的活化石。

①

②

良户是清代高平号称"三阁老"之一的浙江巡抚田逢吉故里。整个村落选址讲究,古街幽深,古屋鳞次栉比,门楼显赫,古匾斑驳,民风淳朴,"三雕"精美。特别是村内随处可见的窗台石、门槛石,无不雕有动物、花卉图案,可谓一绝。当地有"砖包房子狮子门,有女嫁到良户村"的俗语。

每年的正月十七为祭祀祖先神灵兼娱人娱己的闹社火节日,晚上还有散路灯、打铁花、八音会等娱乐活动。青山绿水龙凤树,山环水绕大王庙。

晋城市

村中古树

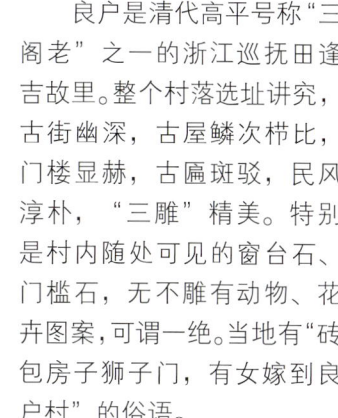

图①~⑩建筑装饰

皇城村

入选第一批中国传统村落名录。皇城相府为AAAA级旅游景区。皇城村隶属于山西省晋城市阳城县北留镇,距阳城县城十九公里。皇城相府原名"中道庄",后因康熙皇帝两次下榻于此,故名"皇城"。

皇城村 入选第一批中国传统村落名录,皇城村位于山西省东南部的晋城市阳城县北留镇境内,东与河南焦作、新乡、郑州等地区相接,南与河南济源、洛阳毗邻,西隔中条山与运城、侯马相邻。

2010年成为AAAAA级旅游景区,皇城相府是始建于明清时期的官宦宅居建筑群,是康熙朝文渊阁大学士,历任吏、户、刑、工四部尚书加三级,康熙皇帝的老师,《康熙字典》总阅官,清代名相陈廷敬的府邸,由内城、外城两部分组成。内城为陈廷敬伯父陈昌言在明崇祯六年(1633)为避战乱而建,名为"斗筑居"。外城完工于康熙四十二年(1703)。皇城相府名为"中道庄",后因康熙皇帝两次下榻于此,故名"皇城"。

"斗筑居"东西相距71.5米,南北相距161.75米,设五门,墙头遍设垛口,重要部位筑堡楼,并在东北、东南角制高点建春秋阁和文昌阁。

晋城市

角楼

皇城相府山门

斗筑居深院

乾隆御笔"午亭山村"

河山楼高耸

砖雕

柱础

河山楼位于内城北部。河山楼，名取"河山为囿"之意，建于明崇祯五年（1632）。当时正值明末战乱风起云涌之时，为抵御流寇侵扰，由陈家昌言、昌期、昌齐三兄弟合力建造，高30多米，是皇城相府中最高的建筑。楼平面呈长方形，长15米，宽10米，高23米，共七层（含地下一层）。楼外墙整齐划一，内部则逐层递减。整个河山楼只在南向辟一拱门，门后施以杠栓。楼层间构筑棚板屯贮人员物资。

陈氏家族供奉祭祀祖先的祠庙，建于明嘉靖年间，结构为两进院落，前为祭祖堂，后为先贤祠。

世德院为陈廷敬出生地。院落大体形制与树德院类同。除祠堂外一概不用斗栱，柱间枋木组合主要为平板枋、大额枋和雀替，柱础、门枕石、影壁均为素面，门窗一般为拱形或方形，窗以直棂窗和支摘窗为主，木栏板、梁架结构极少装饰，室内次间多设落地罩，纹饰一般为几何图形。

景区游览面积十万多平方米。其建筑依山就势，随形生变，层楼叠院，错落有致。内、外城总长为678米，全城总面积3.6万平方米。建有前堂后寝、左右内府、书院、花园、闺楼、管家院、望河亭等，布局讲究、雕刻精美。皇城相府景区属暖温带半湿润大陆性季风气候，气候特征比较显著：春季干旱多风，夏季炎热多雨，秋季凉爽湿润，冬季寒冷少雪。

城墙内四周设藏兵洞，计五层125间，为战时家丁、垛夫藏身小憩之用。内城北部建堡楼，名曰河山楼，长三丈四尺，宽二丈四尺，高有十丈。楼分七层，层间有墙内梯道或木梯相通，底层深入地下，水井、石磨等生活设施一应俱全。并有暗道通往城外，是战乱时族人避敌藏身之处。

内城建筑分祠庙、民宅和官宦邸三类，风格迥异。祠庙建筑有陈氏宗祠，民居有世德居、树德居和麒麟院，官宦私邸有容山公府和御史府等。

晋城市

老院深深意境长

匾额

老院春风迎客来

皇城东南角

照壁

砖雕拱门

相府楼区

砖雕双鹤

砖雕双鹿

老院中的石榴红了

　　皇城相府从明孝宗到清乾隆（1501—1760）间的260年中，共出现了41位贡生，19位举人，并有9人中进士，6人入翰林。四柱三楼式牌楼是陈氏家族的一个主要标志。

　　建于康熙四十三年（1704）的牌楼四柱三楼式，楼柱两侧置夹杆石，下枋上雕二龙戏珠，其上花枋、中枋直至定枋均饰图案，高浮雕。各枋间施牌匾和字牌。定枋上施仿木构斗栱屋檐，正脊两端设吻兽，脊刹饰麒麟。整座牌楼雄伟庄重，制作精美。建于顺治十四年（1657）的两柱一楼式小牌楼，在大牌楼建成之前，是陈氏家族的一个主要标志。

　　正厅往北本为内宅，入大门西折往北沿狭长通道可通花园、假山、鱼池等地。

　　皇城相府风景区内植被以九女湖、史山、樊山、王街、老姥掌一带较多，天然次生林、人工生态林、灌丛林、花果林分布较广。

远观半山皇城建筑

斗筑居前清代石牌坊

晋城市

大门内清代石牌坊

郭峪村

入选第一批中国传统村落名录。

郭峪村隶属于山西省晋城市阳城县北留镇,距阳城县城十八公里,是太行山麓一座城堡式村落。城内是独具特色的明清建筑群,为全国重点文物保护单位。

郭峪村 位于阳城县北留镇,入选第一批中国传统村落名录,是"中国历史文化名村",是太行山麓一座城堡式村落。城内是独具特色的明清建筑群,为全国重点文物保护单位。

用于防御的郭峪城墙为全国罕见的蜂窝城墙,建于明崇祯十一年(1638)。郭峪村由郭峪、侍郎寨、黑沙坡三部分组成。东门为正门,濒临樊溪河谷,门洞上书"景阳",故郭峪村又称景阳城。村西南有水门叫"水西门",是为防洪而修建的。村中街道南北(偏西南)向,分前街、中街、后街三段,呈街巷网络。

城墙高12米,宽5米,长1400余米。位于村中高地上有一座碉楼,名叫"豫楼",长15米,宽7.5米,高30米,共七层,建于明崇祯十三年(1640),亦为军事防御建筑。城墙上设有炮台,城内有地道直通城外。楼名取《礼记·中庸》"凡事豫则立,不豫则废"之意。豫楼"纵二丈三尺许,横五间,四丈五尺。址其深而坚也。层而上之者七次,极澈顶次计八丈。登斯楼也,心舒目行,忽焉若飘浮上腾,以临碧际"。郭峪自此可谓固若金汤。郭峪城墙平均高12米,临樊溪河岸则高达18米,周围1400米,不仅是当时附近村镇较坚固的防御

晋城市

高耸在村中的豫楼

工事，也是至今保存较完整的村镇式古城堡。据有关专家认定，此城高度，比北京故宫城墙还高一米多。关于李自成农民军攻打郭峪及修城堡的过程，现存豫楼五层西墙的《焕宇变中自记》碑中，记载得十分详细清晰。该碑高约60厘米，宽约203厘米，是当时村中社首王重新所撰。

旧城东南角楼

经历了几百年风雨的老屋风骨依然

时代久远的老墙剥落了许多

老树伴古屋

旧墙依路曲直行

晋城市

平常人家街道平坦

门楣雕壁工艺美

防守用的藏兵洞

城垛高高连城墙

民居大门

木建二层阁楼

明代兄弟祖孙科甲坊

郭峪建筑群大多为明清时期建筑，现存传统院落有保存较好的40多幢明清古宅。在建筑格局、形式、材料以及工艺等方面保持原状，整体设计和营造均出自当地工匠之手，是地方建筑文化传统的真实体现。村中现存碑碣一百余块。

村中处处都会见到流传下来的石刻、木刻牌匾。

村内的二层古民居

晋城市

院落门楼多呈高挑牌标式，斗栱层叠，样式华丽，等级很高。民居多为四合院，为北方典型的"四大八小"格式。该村民风淳朴，居民生活中仍有用纺花车、织布机、碾磨、犁耙等物者。一些居民至今还保留着烧香拜佛、求神祭祖的习俗。村内曾建有大小寺庙20余座，保存最为完好的是汤帝庙，为九开间大殿。庙内飞檐挑角的元代戏台高达20多米，气势恢宏，全国少有。

郭峪村规模宏大，形制完备，古村落建筑面积达18万平方米，有城垣城楼、官宦府邸、宅第民居、庙宇祠堂、店铺作坊、苑囿园林、门楼影壁、水井遗址等。现在的郭峪城墙是明崇祯十一年（1638），为了防御高迎祥、李自成、张献忠等农民起义军而修建的。城堡设东、北、西城门3座，另有东水门1座、敌楼10座、城堞垛口450个。郭峪城墙上开凿有三层六百余眼窑洞，居住与防守功能兼而有之，郭峪城墙因而也被形象地称为"蜂窝城墙"。郭峪村大户人家所建豪宅保存基本完好。

门楼

影壁墙上的"文革"内容

院落门楼

西文兴村

入选第一批中国传统村落名录。西文兴村隶属于山西省晋城市沁水县土沃乡，距沁水县城二十五公里，村民多为柳姓。

西文兴村 入选第一批中国传统村落名录。

2006年5月25日，柳氏民居作为明清古建筑，被国务院批准列入第六批全国重点文物保护单位名单。

晋城市沁水县土沃乡西文兴村在沁水县城西南25公里处。古村建筑坐北朝南，南北长84米，东西宽48米，总计房屋114间。原建筑有13座院落，现仅存4座。除两座石牌坊为明代所建，其余皆为清代建筑。

走进这处民居建筑群，已觉它在群山环抱之中。登上高台，站在院中向南望去，阳光中远山层峦叠嶂，近处丛林茂盛绿盖四野。眼前柳枝在微风中摇动，山下小溪在河沟中流淌。古建筑的屋檐挑角，作为天空画面的补充恰到好处。呼吸一口这山谷中的清新空气，顿觉丝丝草香柔润肺腑。柳家选取这块地方时不知下了多大的工夫呢！

晋城市

柳氏宗祠

新建的村口门楼

河东世家老院门

老石牌坊

关帝庙

木结构二层楼

晋城市

魁星楼

关帝庙门

柳家老宅院

村中显赫的关帝庙集中了村中自古以来留下的大部分石碑，其中有很多名家的书法作品，还有柳氏的宗族世系碑。这使得关帝庙同时有了展览馆的功能。在关帝庙门外左侧有一块牌子，上面写着"太岳区西文兴抗日民办高小（旧址）"。

看来关帝庙除了现在作为村子的历史博物馆之外，在抗日战争中也还为中华民族培养人才作过贡献呢。

村中的柳氏宗祠，有柳宗元的青石雕像。雕像坐西向东，身着官服，两手扶膝坐在椅子上，神情平静目视远方，似满腹经纶却无以诉说。

柳氏民居的老房子中，只能留下柳氏家族断断续续的信息了，河东柳氏这一支的兴旺发达就算是圆满地画上了一个句号。山还是那座山，院还是那处院。一家一户的独居院变成了社会文化共同欣赏的建筑物，说是民居其实现在已经真的成了历史文物。柳氏一家独居六百年，将作为中国历史上名门望族的一个典型代表而载入史册。

在村中南面有两处石牌坊，仿木结构，东面的文字是"丹桂传芳"，下面是"庚子科柳禄"。西边的牌坊上文字是"青云接武"，下面是"丙午科柳遇春"。这个柳禄就是开村鼻祖。明世宗皇帝赐给柳禄金匾之后，山西巡按检查御史会同沁水知县等亲自监工修造，为西文兴柳禄的府第造了一座石牌坊，就是我们现在看到的南边的"丹桂传芳"牌坊。

柳宗元塑像

县委党校沁西分校（旧址）

抗日民办高小（旧址）

晋城市

院门

院门

大门右侧石狮

大门左侧石狮

《泽州古代文化荟萃》记载"柳氏民居原有宅院十余院，祠堂一座，现仅存四座宅院和一座祠堂。宅院皆为四合式，院门偏于一角，高大宏伟，多有牌楼装饰，两侧各有石狮"。

从明代至今，从遗留下来的这处民居大宅院足以证明柳氏后人遵循古训，崇尚礼仪，耕读传家，勤劳朴实，积极上进的良好家风传承。这也是中华民族优秀传统的体现。

河东柳氏这一大家族六百年来在这小村中时兴时衰，守土守本，一直比较封闭，留给后人的也就是十几通墓碑和几处老院。20世纪"破四旧"时，门前的石狮子被砸掉了头，几处大院墙上被刷上了两米大的铁红色"忠"字。毛主席语录现在还十分醒目。如今村中的"十星文明户"彩色铝牌，也将作为西文兴村的历史，暂时留在墙上。

从南门进入村中后，民居的特色呈现在大家的面前，最吸引人眼球的还是要数围墙高大的"司马第"四合院。此院的特色在于院门开在左侧，院墙两用，既是外围墙又是内屋墙。院门最上面是斗栱，这一组被夹在两墙中间的斗栱，分上下两部分，加起来共有九层。在斗栱下面是三层文字，最上层是"诰封中宪大夫柳春芳"，中层是"诰封中宪大夫柳茂中"，最下一层大门门头上才是宅院名"司马第"三个字。整体上看起来斗栱排列，层层叠叠，造型独特，工艺精湛，很是气派。院中青砖铺地，环境优雅，房间高大宽敞，完全是按照大户人家居住使用的需要而设计的。

九层斗栱

木雕

窗格

清代家具

晋城市

街门

门楼

柱础

柱础

　　据史料记载和后来考证，柳氏宗祠是唐代永州司马柳宗元的第十六代孙柳琛于明代发迹后开始兴建的。西文兴村柳琛这一支，在明朝时从明永乐四年（1406）到天启年间（1627）经历了长达220多年的兴盛。在柳氏家族经济条件较好的时候，六代中的七个人做过大官。清朝时，也曾有过对朝廷有贡献而被朝廷提拔的大官"中宪大夫"柳春芳以及柳茂中。

　　在两个牌坊中间的北面建有一处院门，南面门洞上有明万历丙子春，柳遇春书写的"永庆"二字，表示此为永庆门，上面镶有一块"河东世家"的石匾，门的两边墙上还镶有石碑。这座永庆门始建于何时无从考证，但现存的建筑从建筑手法和选材用料上，一看便知是不同时期的老砖堆砌出来的。

　　在司马第大院的后面连着的是"河东世泽"大院，院门前的两尊石狮子耳朵为元宝形状，形态喜人。大院东侧的街门门洞上，有字迹清晰的"清洁传芳"四个石刻大字。进入街门东面是皇帝赐匾的"行邀天宠"大院门，院门门柱突出于院墙之外，但在大门的里边，还有一个紧挨着的二道门，门头上书"恪守先业"四个大字。在司马第大院的南面还有两处四合大院。这两处大院依地势西高东低，开偏门，但东侧的中宪第门楼建得很独特。门前木柱高架二层楼阁与院墙同高，二层上有通道，与院中的房间相通。门口的青石柱础做工尤为精细，在大门内两侧还镶有两块名人石碑。

湘峪村

入选第一批中国传统村落名录。

湘峪村隶属于山西省晋城市沁水县郑村镇,距沁水县城五十八公里。整个村庄是个耸立在悬崖坚石上的城堡式村落,村内的三都古城最具历史文化价值,被列为全国重点文物保护单位。

湘峪村 入选第一批中国传统村落名录，是第五批中国历史文化名村。村内的三都古城最具历史文化价值，被列为全国重点文物保护单位。

山西省沁水县郑村镇湘峪村位于县城东南58公里处。湘峪村由村内的三个居住性堡寨和外围的四个防御性兵寨组成，整个村庄是个耸立在悬崖坚石上的城堡式村落。明末朝廷腐败，天下大乱，百姓人心惶惶。农民起义军风起云涌，李自成和其他农民军由陕西多次进入富裕的沁河流域。乱世之中，修建高大坚固的城墙，成为沁河流域沿岸的高官富人保护村民百姓的重要手段。在窦庄古堡成功抵御起义军后，沁河流域纷纷建起了古堡。郭庄、湘峪、屯城、郭峪、皇城、砥泊城等等多达二三十个。此举使得沿岸的众多传统村落得以保存至今。

湘峪原名相谷，是明代万历年间户部尚书孙居相、都察院右副都御史孙鼎相孙氏兄弟的故里。因孙鼎相在兄弟中排行第三，又任过都察院右副都御史，故居便称"三都堂"。完成于1634年的三都古城，状如棋盘，占地325公顷。2000余米长、25米高、4米宽的城墙，虽已残破，但镶刻在东、西、南城门上的"迎晖""来奕""宸薰"字样清晰可辨。城内路面石磨盘铺地，是当地一道罕见的独特景观。村中五纵三横的街道均由"丁"字形构成，石磨、石碾、石鼓、石礅等随处可见。街巷两边"四大八小"的双层或高层民宅建筑，均为砖木结构，历经400多年的风风雨雨，大多保持完好。主要特色为全国罕见的藏兵洞和中西合璧的状元楼、探花楼，有佛、儒、道三教寺庙观院和固若金汤的城墙防御体系。

村的四周被一条长长的古城墙包围着，青砖码砌，黄泥敷面，带着岁月沧桑的裂痕，似有一股厚重而远古的气息扑面而来。

图①~④湘峪古堡外景

雄伟的牌楼

皇恩累赐的石牌楼

高墙大院年代久

晋城市

牌坊老屋相映成趣

老砖房

玉皇庙

湘峪村民居有别于山西省其他传统村落的官居商宅形制，有着强烈的防御特征。保存至今的堡垒形式的传统村落在山西省有很多，如灵石夏门村、介休张壁村等。

农耕文明是中国的特色，石碾是这一文明的传统用具，帮助人们更好地生活。这也是石匠们留下的艺术品，曾经的必需品

晋城市

孙鼎相和他儿子住过的四合院是其中比较有名的建筑。

来到院门口，只见正门上方仍赫然高悬着"四部首司"的巨大匾额，虽然早已褪了颜色，破旧斑驳，但仍透着一丝往日的威严。

闲置的老碾盘

古堡内部街巷及民居

村民宅院①-④

冶底村

入选第三批中国传统村落名录。

冶底村隶属于山西省晋城市泽州县南村镇，距晋城市区二十公里，东依晋普山，西接清化古道，北枕高岗岭，南沿冶底河。

晋城市

金代戏台

冶底村 是第三批中国传统村落、中国历史文化名村、山西省首批历史文化名村。2001年，冶底岱庙入选第五批全国重点文物保护单位名录。

位于泽州县南村镇的冶底村，西南距晋城市区20公里，是清化古道上的重要关镇之一，东依晋普山，西接清化古道，北枕高岗岭，南沿冶底河。冶底村有全国重点文物保护单位——岱庙，市级重点文物保护单位——古寨，晋城市第三批非物质文化遗产项目——冶底九莲灯，还有众多的古民居和古寺庙，古代文化的积淀在这里熠熠生辉，造就了独特的人文旅游资源。冶底村是晋城市南部第一大村。

冶底岱庙，也叫东岳庙、泽州岱庙，俗称西大庙，是除泰山以外的唯一岱庙和道教主流全真派道场。

岱庙始建年代不详，宋代已有之，庙内最早的建筑遗存为正殿天齐殿的宋代石基、纹形覆莲柱础与石柱，石柱上有宋元丰三年（1080）题记。历经金、元、明、清等各朝又屡加修葺，终成今日所见之形制格局。庙依山势而分上、下两院，高低错落，清幽静雅。沿中轴线从南往北依次为山门、鱼沼、竹圃、舞楼、天齐殿。两侧设有碧霞元君殿、土地殿、五谷神殿、牛王殿、龙王殿、速报司神祠、关圣帝殿等。庙的下院有清泉、鱼沼。

银杏树

冶底村村貌

冶底新村

岱庙山门

柏映寒潭门头题字

农家窗棂格

岱庙中的人字柏

岱庙门前的石刻

晋城市

岱庙石柱房

岱庙前被破坏的石狮仍然威武

鱼吞清月门头题字

金代戏台斗栱藻井

冶底村约建于春秋战国时期，经三千年发展成为今天的规模。据传，战国末期，秦王嬴政由陕西咸阳东行泰山祭神，就曾经过此处。其时，村名尚非今名，村子也在现址东北部的早园。

村四周蕴藏着丰富的铁矿资源。西汉时期，由于这里交通便利，村民陆续迁到道边（即今址）。在这个小小的盆地中，人们除了开店、卖饭和做一些小买卖之外，还利用丰富的铁矿资源，开始兴起了小规模的冶炼作坊。一家兴旺，百家相随，冶炼成为这一时期冶底村的主导产业。村民们在既得利益的驱动下，为了达到长期稳定的产业发展目的，结合当地地形，遂将村名改为冶底。

冶底村历史悠久，有着独特的资源优势。该村坐落在一个小盆地里，从南山顶上俯瞰，整个村子俨然一只肥大的蝎子。它头部朝东南，尾部向西北，村东北的古寨和村南的奶奶堂是蝎子的两个钳角，而村西北的岱庙则是其尾刺。这种平面呈蝎子形建成的古村落，与二十八宿的"天蝎星座"相对应，反映了中国古代文化天人合一的思想理念，又揭示了冶底村古文化的博大精深。它给这个昔日古道上的历史文化名村增添了不少神秘的色彩。

冶底村自古被称为"晋豫陕通衢之地"。古时的"清化古道"是西通陕西，连接洛阳、长安，东经清化，连接东京汴梁的重要驿道。是古代晋、豫、陕各省官、商、兵、豪和百姓运输物资的必经之地，又是重要的驿站、兵站和商号。因此，古时的饭馆、客店、杂货店、打铁、制陶等手工业和商业十分发达。冶底村至今遗存着两条完整的老街和多处古店铺，在村东北的高岗上矗立着一座苍朴的古城寨，而且村西北还保留有数里长青石铺就的"清化古道"遗址，深深的马蹄窝印和车辙印都留下了岁月的痕迹。

古商道上有新人

老门窗

大户人家院门

晋城市

秋后的庭院

旗杆院中

村中老院门

由于古代交通的便利和生产的发展，冶底村曾建有大量的古寺庙和古宅民居。现在的冶底村，旅游资源丰富，人文内涵深厚，凝聚着冶底村过去的辉煌。在社会主义新农村建设中，冶底村也是蒸蒸日上，各项事业全面开花。

石淙头村

入选第四批中国传统村落名录。石淙头村隶属于山西省晋城市泽州县周村镇，距晋城市区约三十八公里。这里水量充沛，河水淙淙流过，在断崖处跌落数十米的崖下形成一个天然的水潭。

石淙头村 入选第四批中国传统村落名录，山西省历史文化名村。

山西省晋城市周村镇石淙头村，距晋城市区约38公里。1958年被立为行政村，分管周边的上龙王山村、下龙王山村和山场村3个自然村。

古朴灵秀的石淙头村，地处太行山南端，坐落在一个丘陵地势的小山洼里。村南是长满柏树的"柏山"，沁河上的一条支流——长河日夜流经村前，山环水绕的自然环境成为石淙头村生生不息的历史渊源。

石淙头村历史久远，有关村名的来源有多种说法。长河环绕乡村而过，村东南处的河道，大

晋城市

片光滑圆润的岩石，被湍急的水流长年累月地冲刷，形成一条条深深的沟壑；充沛的水量在岩石上淙淙流过，河水在断崖处跌落数十米的崖下，形成一个天然的水潭。鬼斧神工的自然景象，留下了无数神奇的传说。

追溯古村历史，并没有翔实的文字记载，建村年代无实据可考。村中现存三座庙宇，分别是大庙、小庙和观音庙。现存建筑年代最久远的大庙，正殿旁的一块石碑上详细记载着明代重修大庙时，村民捐助的银两和工匠姓名。根据石碑记载，建村的历史可上溯到元朝末年，到明朝时期石淙头村已具相当的规模。

临河依坡风景好

明代大庙

晋城市

潘家街道

存在的旧院还不错

古代，这里是西去平阳的必经之路，一代名相陈廷敬在返回故里路经此地时感慨万千，留下了《宿石淙院》的诗。村内错落有致地分布着一座座深宅大院，其中最为典型的是古朴典雅的"潘家大院"。潘家经商发迹，历经20余年时间成为泽州"四大财主"之一。为满足人丁兴旺的住宅需求和福荫子孙的愿望，潘家在石淙头置地盖房，大兴土木，在近百年内修建了大小20多座宅院。

房屋的特点是高大宏阔，宽敞明亮，气势恢宏。现存的13个院落各有不同，既有规整的棋盘院、幽深的工字院，又有造型奇特的圈圉院……

村中一条潘家街是主要道路。大户人家的兴衰，和村落的兴衰息息相关。

古村、街巷、房屋、院落虽在，往日时光不在。如同在陌生处相遇曾经熟悉的背影，记忆的碎片与定格的影像，拼凑起一段岁月时光的佐证。

老房屋 　　　　　　　　　　　残垣断壁

精致的门窗

讲究的老村很干净　　　路边大门通光明

晋城市

老碾子有时还有用

生活起居都在此院

上官上院

玉米造型

新添的装饰和标语

吕梁市

省辖地级市,位于山西省中部西侧,因吕梁山脉由北向南纵贯全境而得名。全市基本属于温带大陆性季风气候区,冬寒夏暑,四季分明。吕梁是革命老区,革命战争时期是红军东征主战场、晋绥边区首府和中央后委机关所在地。《吕梁英雄传》是战争年代吕梁人民不畏牺牲、前仆后继的真实写照。

张家塔村

张家塔村隶属于山西省吕梁市方山县峪口镇,距方山县城二十公里。张家塔村是一座城堡式的村落。入选第四批中国传统村落名录。

张家塔村 入选第四批中国传统村落名录。

吕梁明珠张家塔民居群,建在方山县城西南20公里的峪口镇张家塔村的山坡上。张家塔曾叫过张家塔乡,后来在并村撤乡中归入峪口镇。这在村中原来的老门板上,还有铝标牌的记录。在20世纪70年代村中有700余口人。

200多年前,当时这里是一个很偏僻的山沟,村前有一条小河流过。清朝道光年间,这个村的开山鼻祖张老先生开荒拓土创立了小村张家塔。后来有一个叫作赵山的年轻人在此开垦耕耘,娶妻生子开始了艰苦的创业。清末时正值山西晋商发展的阶段,再加上这里离黄河水道不远,船队往来贩运给这偏远的山村带来了商机。赵家兄弟们除务农外也参与了经商的行业,最终还把买卖做进了京城,成为吕梁晋商的一小支。这张老先生去世后是赵家出钱安葬的,据说还给张老汉立了一块碑。张家塔村名一直沿用了下来。

吕梁市

民居四合院

随山势而建的民居

砖碹门

春拂老宅忆归情

砖墙门户也古老

赵家祠堂

赵氏宗祠石匾

民房四合院

院院相连互依存

百年炕围子画

村中古庙、宅院、祠堂等建筑上，大部分都有寓意深刻的砖雕或石雕图案，有的石马槽上还刻有精美的图案。村中原来还建有关帝庙、观音庙和龙王庙，新中国成立后村中为了搞教育，将龙王庙改成了学校，龙王庙前建有一座永贞桥。

村中有绘制于民国二十二年（1933年）的炕围子画。这组画用大漆调色绘制而成，现在有些地方已聚合成了大漆特有的斑块，个别地方有脱落，但整体画面仍然色彩浑厚。

张家塔建筑群，建在坡度较大的山坡上。上边一户人家的院子，往往就是下边一户人家的大半个或全部房顶。上边的住户，院中都铺着地砖，而且上下层之间至少有二尺以上的隔层，所以一般不会影响到下边住户。在赵家或张家本家的范围内，几乎上边住户和下边住户都有一个互相连通的楼道。在这个楼道的上下出口有木扇门，上出口还砌有一个规整而又牢固的防雨门洞，村中人在互相走动中极为方便。尤其是全村人亲套亲，亲加亲，自然就有许多需要交流沟通的事情了。楼与楼、户与户之间往来方便，也使村中信息灵通，共同进步，共同富裕。

①

②

③

④

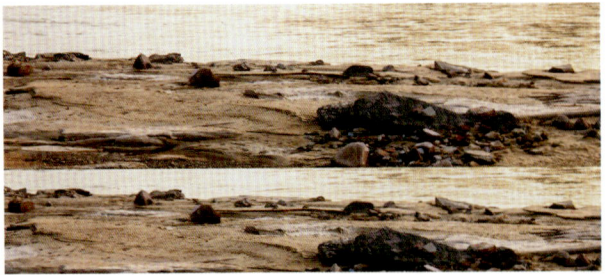

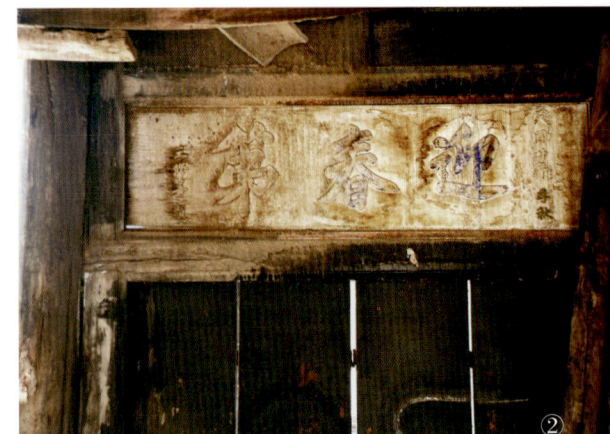

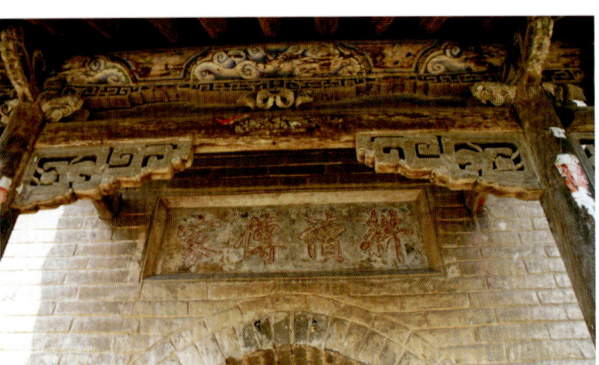

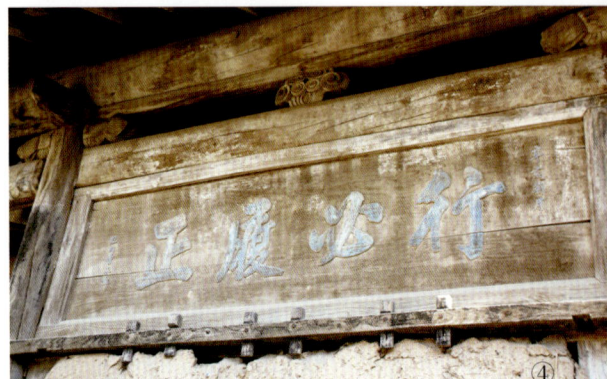

图①～④门楣匾额

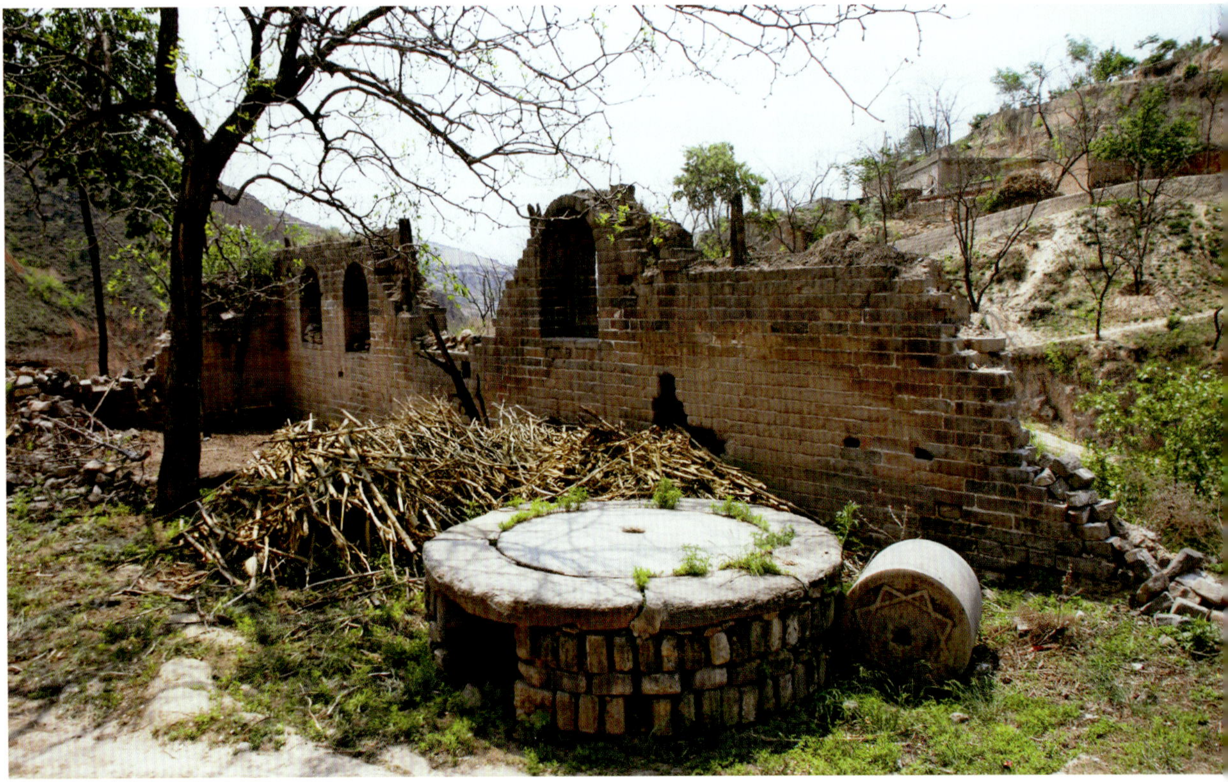

残垣旧碾忆沧桑，阳光雨露仍风光

老宅中的"工业学大庆"记忆

房顶平台及烟囱

马槽已停用了

山高沟深,扁担是必用品

设计精良、用料考究、规模宏大的排水系统

　　张家塔村是一座城堡式的村落,从现存建筑群的规模及建筑形制看,村子是经过因地制宜、整体规划后而建成的。所以整个村子都用高墙打围,形成了一个小城状的山村。我们还可以看见文化发展留给张家塔的亮点,在一般的民院外往往都有砖雕或木刻的文字门匾,现在可见到"艺苑蜚声""迎春第""耕读传家""行必履正""名昭图史"等几十处。

　　这里还留有"文化大革命"中"工业学大庆""农业学大寨"的痕迹。

贾家庄村

入选第三批中国传统村落名录。贾家庄村隶属于山西省吕梁市孝义市新义街道,距孝义市西环一公里,文化底蕴深厚,拥有两项国家级非物质文化遗产孝义贾家庄婚俗、孝义皮影,一处省级重点文物保护单位孝义三皇庙。

贾家庄村 入选第三批中国传统村落名录,地处孝义市西城区。这里民风淳朴、历史悠久、人杰地灵,文化底蕴深厚;交通便利、信息灵通,有着得天独厚的优越发展条件。全村占地总面积约4平方公里,村中的老街道和经历了上百年风雨考验的老民居显得那么有资格,同时也传承着贾家庄优秀的民风民俗。贾家庄村拥有两项国家级非物质文化遗产《孝义贾家庄婚俗》《孝义皮影》,一处省级重点文物保护单位孝义三皇庙。村中元代始建的孝义三皇庙规模不小,庙院内有古石碑记载着庙宇的变迁。正殿的三皇塑像高大威武。庙院同时也是当地人节庆活动的集中地,凝聚了人文始祖百折不挠、艰难求生、开拓创业、繁衍生息的精神。这里还是举办孝义市三皇文化节的场所。孝义贾家庄婚俗具有极其鲜明的地方特色,从服装用具到结婚仪式和食品各个方面,都可以看到文化底蕴的深厚。

吕梁市

石碑廊

匾额

门神

典型的豪宅大院

三进院大门

古朴的院门

高墙大院隐蔽性好

以三皇庙为依托新规划的商贸、观光、旅游民俗一条街，更是为文化带动、产业发展、传承晋商文化、铸造三晋品牌、打造旅游新村提供了广阔的平台。贾家庄老建筑风格不同，各有特色，现在有些冬暖夏凉的老房子仍有人居住。

宽敞的窑房四合院

图①~③院门墙外的砖雕文字

图①~⑤传统迎亲仪式

迎亲队伍

迎亲仪式

喜庆的窗花

喜庆大月饼

年馍花糕

　　传统的迎亲乐曲，主持人念诵的诗词吉语，新人乘坐的轿车，其实就是一场娶亲的文化大戏。娶亲婚俗具有联结民族感情、凝聚民族意志、增进民族亲和、传承社会美德的功用。贾家庄剪纸、面食、礼仪等民间文化工艺以及孝义皮影秉承了老艺术家的技艺，具有制作精美、工艺考究的特点，是民间文化传承的典型作品。村内有近300人的锣鼓队、百余人的健身队、40余人的自乐班、60余人的农民书画协会，拥有3座图书室，藏书两万余册，连续举办了农民素质、技能大培训。

　　被评为国家级非物质文化遗产的《孝义贾家庄婚俗》极具文化含量，从服装、道具、仪式及文辞运用等方面，都传承了中华民族优秀的礼仪文化，是我国目前保存最好的婚俗仪式之一。

李家山村

入选第一批中国传统村落名录。

李家山村隶属于山西省吕梁市临县碛口镇,距碛口镇五公里,与张家界、陕蒙黄土塬并列为吴冠中先生人生三大发现。

远观李家山

吕梁市

李家山村 入选第一批中国传统村落名录，2009年1月被公布为中国历史文化名村。

李家山村位于山西省吕梁市临县碛口镇黄河岸边向南5公里偏远的黄土高坡深处，是一处僻静的小山村，将盛行于北方的明清砖瓦民居与西北窑洞进行了完美结合。所有窑院和谐且富有美感地分布在山坳两旁的山坡之上，这些窑洞顺着山势层层叠加，屋前有小径家家相通。这一切构成了李家山村的独特之美。

著名画家吴冠中的画作，使得李家山古朴的窑洞为美术界人士所知，与张家界、陕蒙黄土塬并列为吴冠中先生人生三大发现。吴冠中先生于1989年10月赴李家山后，写道："我在山西有一个重要发现——临县碛口李家山村。这里从外面看很荒凉，一进去是很古老很讲究的窑洞，古村相对封闭，像与世隔绝的桃花源。这样的村庄，这样的房子，走遍全世界都难再找到！"

依山而建的窑洞

顺着山势层层叠加的窑洞，屋前有小径家家相通

柴门半开的小院充满了黄土的清香

大红喜字上窗,老院又有新人入洞房

又大又圆的箩筐一圈一圈把思绪带向远方

吕梁市

山道上的游人是否闻到了古院里的青苔香

冬暖夏凉的窑洞

古朴的村庄，仔细描绘到画中

精致古朴的大门、粗糙高大的院墙、静静的石碾好像有话要讲

广阔的黄土地貌、郁郁葱葱的自然环境、层叠的窑洞、浓郁的黄河风情、纯朴的百姓人家……每年吸引着许多全国各地的艺术家前来采风、创作。李家山在一个U型山谷的两侧依山而建，当地人说像一个凤凰展翅的形状，这些人家就建在凤凰的两个翅膀上。山势陡峭，所以房屋错落有致，参差分布于70度的山坡上，构成了一种极具视觉震撼力的效果。

李家山的高度不过百余米，面积不大。李家山人合理地利用了每一寸土地，使得大大小小

大院里已没有往日的红火，守护它的只剩下那盘石碾

百十个窑洞院落散落其间，丝毫不显拥挤。李家山民居沿坡壁呈阶梯状分布，下一层的窑洞就是上一层窑洞的前庭，有的窑洞甚至就直接建在下层窑洞的窑顶。一层层的窑洞就这样层次分明、错落有致地层叠而上，直至坡顶，形成"立体村落"。这多达七八层的窑洞看似随意地布局，实际是完美结合了山势的坡度与走向，凝固成一幅美丽的画卷。李家山的景点主要有东、西两财主家和麒麟院、李氏宗祠等。

西湾村

入选第一批中国传统村落名录。

西湾村隶属于山西省吕梁市临县碛口镇，位于湫水河西岸，民居群坐落在三十度的石坡上，高低错落，层次分明，古宅精致华美，造工考究。

精致华美的古宅，300年屹立于石坡上

西湾村 入选第一批中国传统村落名录。

山西省吕梁市临县碛口镇西湾村位于碛口北一公里的湫水河西岸,明清古建筑群坐西北而向东南,依山傍水,风景秀丽。西湾村也是碛口辉煌时期经济力辐射所及的村庄之一,是陈氏家族聚居的地方。民居群建于30度的石坡上,高低错落,层次分明,古宅精致华美,造工考究,近年来倍受专家与旅游爱好者的青睐。这处完整的居民建筑群,是依靠黄河船运发迹的陈氏家族,历经明末到民国300年历史逐步修建而成的。它占地三万多平方米,依山面水、背风向阳,随势而上,如波涌浪卷,层次感极强。村内有两横五纵七条小巷,均匀地把各处院落串联起来,这五条竖巷为金、木、水、火、土五行,代表着陈氏家族的五个支系。各个支系的人分别依这五条巷子聚居,既便于管理,又易于日后村落向左右扩展。每条竖巷里的宅院都可以互相贯通,只要进入一座院落,就可以游遍全村,可谓"村是一座院,院是一山村"。这样的设计,不仅仅是为了解决村内的横向交通,更有利于突发事件下的快速转移和集体防御。巷子的地面用石块铺砌,两侧有石护墙,有的地方还建有堞楼和供巡视的墙道。现保存完好的有40多处院落,院院相通,户户相连。

西湾表现出对外部世界来说是封闭的、内向的,而对于大家庭的生活方式而言则是开放的、外向的,折射出对外防御、对内聚合向心的传统心态。

西湾的历史也折射出碛口兴衰的影子。到了清道光年间,西湾村的规模达到了顶峰。遗憾的是,抗战期间日寇对西湾进行了八次扫荡;到了新中国成立后由于公路铁路运输的迅猛发展,西湾便随碛口的商业衰败彻底陨落了,直到近几年人们才又重新发现了它的价值。

精美的庭院　　历史的光影充满长巷高墙　　典当行掌柜家的四合院

绣楼院

福修三多院大门

福修三多院

西湾村比较有名的民居是陈三锡院（即绣楼院），有四层，层叠而上，左右对称。第一层是仆佣住房，第二层是老爷太太的住房，第三层是议事厅，家族重大事情都要在此商议。第四层是小姐住的绣楼。绣楼占地面积很小，没有正房。西房是小姐居住的地方，东房是丫环的房子。

福修三多院修建较晚，曾是离石县抗日政府所在地。建筑保留了原城堡式风格，但比以前更明朗、开放。

陈氏祠堂修建于清咸丰八年（1858），大门呈拱状，有简单的门楼，匾额上写着"承先启后"。两面的对联是"俎豆一堂昭祖德，箕裘千载振家声"。祠堂院子很小，从门楼到正厅不过一丈的距离，东西宽也不过三丈。正房是一座清代窑洞式建筑，两柱三间，廊下梁柱上的镂空木雕精细别致。空间的狭小，让陈家祠堂看上去小巧玲珑，布局紧凑。里面的空间更小，进深不过七八尺；紧靠墙，摆着一张长条桌，供奉着陈家历代祖宗的牌位。祠堂是清晚期建筑，规模不大，却比较完整。"承先启后"是不是也在暗示着碛口的过去与将来。曾经的繁华古镇，在逝去往日繁盛之后，再次展现在世人面前。

祠堂屋顶威武的砖雕

祠堂正厅

祠堂大门

村内有两横五纵七条小巷，均匀地把各处院落串联起来。这五条竖巷为金、木、水、火、土五行，代表着陈氏家族的五个支系。

进一家四合小院，它的三面房檐连接为一个整体，如南方的"天井"；以前上面还罩着一层铁丝网，防范甚为严密。据了解，这里的主人当年是做典当生意的，当铺设在碛口街上，凡是三年不赎的东西就全部拿回西湾存放，所以建筑有防盗功能。

巷里，古老的黄河卵石铺成了街面，古老的砖瓦构筑成了房舍，飘逸着古老的芳香。破败的院落已经开始翻修。

祠堂的对面是一片枣树林。这里好似村里的活动中心，端着海碗吃饭的老人，售卖红枣、手编箩筐的村民，不时在这里出现。

伞头秧歌表演

村里种满树的小广场

木巷口

冬暖夏凉的窑洞

陈氏祠堂

吕梁市

窑洞

水巷口

老牌坊

刚刚修复的院落

后冯家沟村

入选第三批中国传统村落名录。

后冯家沟村位于山西省吕梁市柳林县孟门镇北,与中国历史文化名村临县碛口李家山村毗邻。

为了出入方便大门与院墙成较大斜角

后冯家沟村 位于晋陕黄河大峡谷中部、黄土高原腹地的山西省吕梁市柳林县孟门镇北,系第三批中国传统村落,与中国历史文化名村临县碛口镇李家山村毗邻。

村落布局十分隐蔽,由沟进村,沟口宽40余米。其地势呈龙状,北山圪梁与南山脑畔是龙身,凤焉是龙尾,龙头高昂在村口的山神庙处。

后冯家沟村有冯、李两大家族,冯氏族人先于李氏族人在此落脚。当时为了与距离古孟门城更近的冯家沟区别,便加了个"后"字。

养蚕、缫丝是后冯家沟人的拿手好戏,直至20世纪80年代,仍有很多人以此为生计。由于历代富裕,他们也在这里留下了一座座精美古院。

吕梁市

寰润院　　　　　　　　　　　　过街楼

后冯家沟紧靠小垣则黄河古渡，毗邻黄河商贸重镇孟门、碛口，因而后冯家沟人历来以经商为业，大都在孟门、碛口、柳林、军渡、石州、汾阳、平遥、河曲、吴堡、镇川等明清商贸重镇进行生意买卖。所谓"后冯家沟没穷的，小垣则家没熊的"，正说明了后冯家沟人的富有，和邻村小垣则黄河汉子的剽悍。

透过野生的酸枣看到整洁的院落

阳光照耀小村庄，光影守望绿草墙

院门

山峦起伏、沟壑纵横，冯、李两大族人在历史的长河中留下了古朴雄厚、气势凝重、装饰精美、散落在山坡上的一座座精美大院。复杂的地形形成了不同风格的宅院。

村中院墙大门开设很有特点。为了出入方便，大门都与院墙成较大的斜角，在山坡上顺着不宽的土路很容易就拐进了院里，科学合理使用方便，体现了后冯家沟人的聪明智慧。

四合院里有天地

时光岁月老石碾

大标语下乘凉的村民

后冯家沟村庙坐落于沟口正面,有挡风水一说。其建筑有正殿和东、西耳殿,属典型的明清建筑,现存有明代壁画和元代石碣。

建在山坡上的村落,层层叠叠达五层之多;村中道路呈"之"字形,在多层窑洞间穿来穿去。公共场地有限,井坪、碾场成为村民茶余饭后的活动场所。

村中的庙宇和井房

大门和院墙成斜角是为了在不宽的土路上更容易出入

兴隆湾村

入选第四批中国传统村落名录。

兴隆湾村隶属于山西省吕梁市柳林县西王家沟乡，紧临刘家山村，人勤物阜，物华天宝，英才辈出，气候宜人。

绿草满村庄

引用《诗经》文字的牌匾

新修门楼老牌匾

兴隆湾村 入选第四批中国传统村落名录。

山西省吕梁市柳林县西王家沟乡兴隆湾村,紧临刘家山村,人勤物阜,物华天宝,英才辈出,气候宜人。主要农产品有西葫芦、杏子、大芋头、水果。村内资源有锆石、氟镁石、绿石。

一所漂亮的现代化小学建在兴隆湾村中,使这个有着优秀文化传统的村落有了新的亮点。在学校周围的山坡上,分布着一处处建造独特的老院落。

一些青砖灰瓦的老屋房顶,规整地镶嵌在黄土坡上,有些剥落的老墙被刷成了白色。

黄土高原上的兴隆湾

一棵树一座房，乡村的岁月细又长

离石县抗日民主县政府驻地旧址

院落大门

村内民居

远离城市的喧闹,没有车水马龙,有着宁静的小院和干净的天空

窑上窑下,风景如油画

高高的门槛,厚重的木门里藏着曾经的荣耀

①②古院落保护景点

有一处四合院墙上挂着"离石县抗日民主县政府驻地",一下就把普通的民居院提高了规格,让人另眼相看。这个村子出过许多名人,至今薛家大院的知名度仍然很高。由于老村过去民间管理较好,家家户户的排水系统以及邻舍之间的通道修建得都很合理,至今住起来仍然觉得很舒服。

村中讲究文化传承,老户人家的牌匾涵义文雅,书写大气,反映了村民们的文化追求和理想信念。老村保护工作做得也有声有色,村中干净整洁。站在老院中有十分安慰的感觉,也许这就是传统村落的魅力。

曹家塔村

入选第四批中国传统村落名录。

曹家塔村隶属于山西省吕梁市柳林县西王家沟乡，距柳林县城四十公里。村落依山而建，错落有致，形成了一处很有北方特色的石窑建筑群。

乡村公路穿过美丽的曹家塔

曹家塔村 入选第四批中国传统村落名录。

隶属于山西省吕梁市柳林县西王家沟乡的曹家塔村，乡村公路由村中穿过，交通便利。曹家塔村依山而建，错落有致，形成了一处很有北方特色的石窑建筑群。这种建筑具有冬暖夏凉、经久耐用的特点，很适合温度变化较大的吕梁山区使用。

现存的老房子有许多是由砖瓦石料砌筑而成，有中国北方典型的四合院，有依山而成的一排院，还有单门独户的庭院，形式独特，墙壁大多较厚，可以抵御山村中的风寒。在一些有钱人家建筑的较大石构件上雕刻着花纹和图案，有一定的美学表现。这对于一个偏远的山村，显得尤为可贵。

吕梁市

无人居住的老院里野草疯狂生长

虽然破旧些，但布局还很完整

巨大的院落满目沧桑，青草的香，残破的墙，带你进入悠悠古典时光

老树旧门

干干净净的老院让人感到很舒坦

文化中心

老牛棚

半扇门洞

写满岁月的小道曲折向前

巷道　　　　　　　　　　　　　羊舍　　　　　　　　　　　　小村大户

　　有的人家院内磨盘或碾子等农家设施齐全，尤其有一家大户人家房上的烟囱建得结实而又美观。山村中户与户之间和街道干线间连接大多采用石材铺成，这样既防止夏季雨水的冲刷，又保护土地及树木的生长。也许下面一家的房顶，就是上面人家的院外平地。远处观看曹家塔，临沟近水，是一处很适合生活的地方，所以当地人祖辈努力建成了这样一个美丽的小村庄。

　　老房中还有许多人居住，冬暖夏凉是人们的福气。鸡鸣，狗叫，羊群出入，伴随着拖拉机和电视机的使用，现代的许多物件也得到了应用。古老传统的村子中老年人淳朴的生活方式至今也没有多大改变。村中的柏油路和各家相通的水泥小路，将村子连成了一片，虽然大多数老房子已经无人居住了，但村子留给人的久远信息依然可以唤起现代人的恋古情节。

面对断壁残垣依然流连忘返

三交村

入选第一批中国传统村落名录。

三交村隶属于山西省吕梁市柳林县三交镇，距柳林县城三十七公里，因地处中阳、石楼及陕西清涧三县之间，故名三交。自古就是水旱码头商业重镇。

吕梁市

三交村 入选第一批中国传统村落名录。

山西省吕梁市柳林县三交镇三交村位于柳林县城西南37公里处，与陕西隔河相望，因地处中阳、石楼及陕西清涧三县之间，故名三交。自古就是水旱码头、商业重镇。河运南达禹门，北到宁蒙，西抵陕西，是"中国红枣第一镇"三交镇政府所在地。村中有古店铺、古庙宇、古民居、古渡口、红色旧址。相传，大禹治水从此开始，黄河文化从此发祥，因而名胜佳景，令人留恋。近代，毛泽东在此东征，刘志丹在此殉国，老区精神，可歌可泣。

1936年2月红军东征在此地强渡黄河，宣传抗日主张。周恩来莅临此地，亲自指导，正式成立了吕梁山区第一个县级红色革命政权——中阳苏维埃革命委员会。刘志丹将军在三交战役中血洒疆场，英魂长眠于此。这里的红军东征坪上渡口纪念碑、红军东征浮雕、刘志丹将军殉难纪念亭与三交红军东征纪念馆等红色景点连成一线，共同见证了那段峥嵘的光辉岁月。

图①②③黄河岸边三交村

红军东征纪念馆　　　　　　　　　村中古墙老树　　　　　　　　这几间房还有人住

1936年2月20日晚，红一军团在林彪、聂荣臻的率领下突破黄河天险坪上渡口；21日，红一军团攻占三交镇；26日，按周恩来指示，成立了中阳县苏维埃革命委员会，选举石滩则村李文才为苏维埃政府主席，黄石山为副主席。该政权是红军东征期间成立的吕梁第一个县级苏维埃政权。4月初，阎锡山晋军复占三交镇，中阳县苏维埃革命委员会转移陕北，后停止工作。中阳县苏维埃革命委员会设在镇中街当铺院（现粮站院），旧址为二进院落，坐南向北，四合院落，占地面积2626平方米。该院有砖砌窑洞二孔，设有前后窗门。院内东侧有二层砖碹窑洞七孔，西侧有砖砌窑洞七孔，南面有枕头砖砌窑洞三孔，枕头窑西侧有窑洞大门一间，通往前街主街，北面有倒坐窑洞五孔，前后均开有窗户，其中中间一孔为大门，上建有楼房三间。1984年，被柳林县人民政府公布为重点文物保护单位。2006年被公布为吕梁市重点文物保护单位。

依山而建的庙宇

吕梁市

旧门洞还在用

商家老宅院

已基本不用的民居

收购站门头

老房子已经无人居住

被风化了的老墙

吕梁市

黄河边戏水的儿童

石路老屋

老村依群山

三交村内传统民居

店铺老门板上的字迹依稀可辨

宽阔的黄河滩

供销社老门面房

临汾市

省辖地级市，位于山西省西南部，因地处汾水之滨而得名，是中华民族的重要发祥地之一和黄河文明的摇篮，有"华夏第一都"之称。临汾非物质文化种类繁多，有蒲州梆子、威风锣鼓等多种民间艺术形式，被誉为"梅花之乡""剪纸之乡""锣鼓之乡"。2017年12月，临汾获评2017中国特色魅力城市200强。

丁村

入选第一批中国传统村落名录。丁村民居是全国重点文物保护单位。

丁村隶属于山西省临汾市襄汾县新城镇，距襄汾县城五公里，距临汾市三十五公里。丁村民居是典型的明清民宅建筑群，以丁姓聚居而得名。

鸟瞰丁村院落

临汾市

丁村 2012年被列入第一批中国传统村落名录，有山西省第一个民俗博物馆。

丁村位于襄汾县城南5公里处。丁村遗址是我国最重要的旧石器文化遗址之一，出土有属早期智人阶段的丁村人牙齿化石3枚，旧石器2005件，哺乳动物化石——梅氏犀、披毛犀、野马、纳玛象、斑鹿、方氏鼢鼠、原始牛等28种。1961年，由国务院公布为全国重点文物保护单位。

丁村，以丁姓聚居而得名。据考证，丁村民宅最早的建于明万历二十一年（1593），最晚的建于民国年间，历时近400年。

村内遗存有明、清时代的民居院落40多座，是中国北方地区现存规模较大、保存较为完整的明清民居建筑群。走入村庄，随处可见古朴的四合院。这些古院落以村中心的观音堂为中心，分为北院、中院、南院、西北院四大部分。四个部分的房屋因建造年代的不同而风格迥异：明代房屋的装饰以彩绘为主，风格古拙稳重；清代房屋的装饰以木雕为主，雕工精细，造型优美。丁村民居为研究明清时期北方民居的建筑手法及格局提供了宝贵的实物资料。1985年，国家文物局和山西省文物局陆续拨专款在这里筹建了反映我国汉民族民俗风情的第一座民俗博物馆，并将民宅作为民俗博物馆的馆地和内容之一。它不仅反映了黄河流域淳厚的民俗，而且显示了我国博大精深的传统文化，是察古证今、以今索古的重要资料，同时也是劳动人民智慧的结晶。反映了晋南地区汉民族的心理、爱好、信仰、风尚和习俗及情操，是研究传统建筑、民俗的珍贵标本。从建筑艺术角度上讲，采众家之长，适一方水土之要求，木雕、砖雕、石刻表现在建筑构件上，精美大方。内容丰富多彩，从生活到礼法，寓意深刻；从戏曲到社火，华丽大方；从民俗到治家，勤劳朴实。

丁村戏台

山西省第一座反映汉民族民俗风情的专业博物馆

高大的绣楼

丁村文化陈列馆

丁村民宅中的各种木雕、石雕和砖雕丰富多彩，仅隔扇棂花图案就达60多种，柱础雕刻近50种。屋檐下额枋、垫板、雀替、檐桁等处有玲珑剔透的雕刻图案，如"凤凰戏牡丹""司马光破缸救友""喜上梅梢""麒麟送子""鹬蚌相争、渔人得利""渔樵耕读""百兽图"等，题材丰富，工艺高超，是中国民间雕刻艺术中的一批优秀作品。

丁村民宅除设立保护机构外，1978年还建立了丁村文化工作站。1984年大部民宅收归国家所有，并逐年修缮保养，严格保持它的原貌、原状、原构。

丁村街道

院小房高的四合院

临汾市

满满中国气派的晋商家园

图①~③三义庙雕塑

明清两代的院门,虽然都是木板门,但形质变化大。一般民国的门尚素,华丽者不过镶两只铙钹状门乳衔环,或者横钉数排梅花铁皮帽钉。清代的门尤其是大门或二门,随着门楼的高大华丽而越加注重装饰。

丁村博物馆的二进门上有精美的石刻木雕,最主要的是还有圣旨高悬。

村中的三义庙,是丁村建村的开始。元末丁氏祖先丁复为避战乱来到这里,当时此地已经有任姓、阴姓两个家族在此生活。丁氏的远见在此时显现出来。为了避免今后三个家族为了土地掀起纷争,丁复与任姓、阴姓两个家族相约结拜,起誓"兄弟同心,和睦相处",并共建了这座三义庙。此举为丁村600年的发展奠定了基调。

厅堂和门廊处的柱础一般都做了精细的雕刻。廊柱下的柱础皆用卧鼓加须弥座,座台四角雕有四对小狮子,形态生动,活泼可爱。

明代建筑观音堂

丁村博物馆的二进门是光宗耀祖的圣旨牌坊

 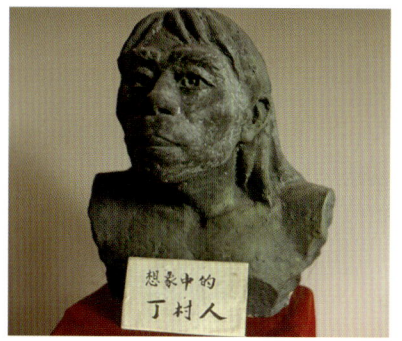 

柱础　　　　　　　陈列馆中的丁村人雕塑　　　　　　　砖雕

木门　　　　　　　石雕　　　　　　　丁村博物馆二进门木雕

蓬岛长春院

古门楼

装饰精细的房廊

村内明清两代的民宅26座，全部建筑均保存完好。丁村民居以四合院为主体格局，建筑突出特点是注重装饰尤其是木雕。多数建筑上留有年款题记和匠师姓名，是研究中国北方村庄民宅布局和建筑形式的重要实例。乾隆五十四年（1789）木雕可称丁村清代民居木雕至冠，在它的前门廊栏板和斗栱上，分别雕出了民间意趣浓厚的"百戏图"，有跑竹马、放风筝、跑驴、狮子舞、大头和尚戏柳翠、司马光破缸救友等内容。

丁氏家族为了维系其封建的家族统治，在房屋继承的方法上有一套特殊方法，即调角分房方法。如兄弟二人居，要公分三间房产，通过族长和家主协商，将房子上下分间计算，一人分其下彼上，另一人分其上彼下，这样，一间房屋即成为上下两人分有，谁想拆毁，都要受到对方的牵制，其结果只能是转让而不能拆除。

门头木雕

大门装饰

临汾市

蓬岛长春匾额

丁村生活实景

精美木雕

古老民居上的精美木雕

陶寺村

入选第一批中国传统村落名录。陶寺村隶属于山西省临汾市襄汾县陶寺乡,距襄汾县城十公里。这是一个与中国起源有直接关系的村落,是一个文物古迹遍地、文化底蕴深厚、极具研究价值的古村落。

陶寺村 入选第一批中国传统村落名录,是一个与中国起源有直接关系的村落。它拥有全国重点文物保护单位,拥有世界最古老的观象台,拥有尧王城遗址(陶寺文化遗址),拥有国家级非物质文化遗产"天塔狮舞"。陶寺村位于山西省襄汾县城东北10公里的塔儿山脚下,东邻翼城,南接曲沃,西连新城镇,新修的旅游公路从村旁通过,交通十分方便。

陶寺遗址被列入全国重点文物保护单位,是中国黄河中游地区以龙山文化陶寺类型为主的遗址,还包括庙底沟二期文化和少量的战国、汉代及金、元时期的遗存。该遗址位于陶寺村南,东西约2000米,南北约1500米,面积280万平方米,是中原地区龙山文化遗址中规模最大的一处。经过研究,确立了中原地区龙山文化的陶寺类型。近年来在对陶寺遗址的发掘中,结合天文学等多项科技考古手段,进一步判断陶寺文化的绝对年代为公元前2500年至公元前1900年之间。同类遗址在晋西南汾河下游和浍河流域已发现70余处。陶寺遗址对复原中国古代阶级、国家产生的历史及探索华夏文化,具有重要的学术价值。

2004年国家考古工作队测量了陶寺遗址、古城的范围,重点发掘古观象台的遗存。

临汾市

考古队测量陶寺遗址

文物保护单位

观象台考古现场

陶寺的文化遗产——2003年拍摄的狮子登天

观象台复原景象

在考古发掘过程中,考古队员发现了规模空前的城址、与之相匹配的王墓、世界最早的观象台、气势恢宏的宫殿、独立的仓储区、官方管理下的手工业区等。有许多专家学者提出,陶寺遗址就是帝尧都城所在,是最早的"中国"。除陶寺类型的遗存外,遗址还包括庙底沟二期文化和少量的战国、汉代及金、元时期的遗存。陶寺遗址的发现,对于探索中国古代文明的起源和尧舜时代的社会历史具有重要意义。

陶寺北墓地于2016年考古发掘取得重大收获,共发掘春秋晚期墓葬5座。其中2座大型墓葬为春秋晚期墓葬,同是大夫一级的贵族夫人墓,出土有鼎、豆、鉴、壶、簠、舟、鬲、盉、盘、甗等青铜容器35件,以及乐器铜镈8件、铜纽钟9件、石磬4套20件和玉饰件等随葬品,为研究800年的晋国史提供了宝贵材料。

陶寺考古现场

陶寺考古现场

始建于元大德五年的关帝庙

关帝庙牌匾

老街道

陶寺依旧农耕忙

村中红极一时的戏台

晚晴砖雕门楣

所剩无几的老房子

陶寺村的古民居在数千年的变迁中不断地增减，尤其是在近百年来由于战争和时代发展的影响下数量已经不多了。现存的老四合院以及一些高大的老民居，仍然可以反映出晋南的传统建筑风格以及当地人生活中追求的文化品位及价值取向。砖雕、石雕、木雕的遗存，记载着工匠们的技艺水平。村中央具有800年历史的关帝庙粗壮的老石柱，支撑着全村人的信仰理念，这里的广场也是村民们的活动中心。

现代化的水泥、沥青路铺设在原来的老土路上，村中那座建于1979年的戏台原来也是村中的文化活动中心，经历了40多年的风雨后现已经成了村中的老建筑。这也是一个特殊时代的物证。

陶寺村民风淳朴、文化底蕴丰厚，这方水土

砖雕门楣

从古至今就在与人和谐地度过每一天。乡民们的语言中，还大量地保留着古汉语的音义。它们延续存在于一些民俗活动中，比如二月二龙抬头，比如天塔舞狮……4000多年前尧王选取了这方风水宝地，今天看来，我们的祖宗目光真够远大呀！

西中黄村

入选第一批中国传统村落名录。

西中黄村隶属于山西省临汾市襄汾县汾城镇,距汾城镇八公里。这里历史悠久,文化深厚,尧舜禹传说、赵氏孤儿故事、社火抬阁等民间文化特色鲜明。

西中黄村入选第一批中国传统村落名录。

西中黄村位于襄汾县汾城镇西北部,距汾城镇8公里,西与尉村相毗邻,西南靠公孙杵、韩厥、程婴三义士曾经议过救孤一事的三公村,东依兄弟村落北中黄村,北与盘道村隔涧相望,南与有程婴墓地的程公村交界。这里历史悠久,文化深厚,尧舜禹传说、赵氏孤儿故事、社火抬阁等民间文化特色鲜明,历代传承。西中黄就生长在这片肥沃的土壤上,至明代已发展成熟。是由张、王、李、郭、刘、司、梁、赵、贾、徐等诸多家族组成的杂姓村,其中张姓人口最多。

西中黄是个堡垒式的传统村落,其砖包城墙始建于明崇祯三年(1630),竣工于清代雍正年间,历时近百年。高达10米的城墙环绕四周,城墙建造至今已有380年历史,历经战乱摧毁与风雨侵蚀,城楼已毁,城墙仅有北城墙及东城墙的一部分保存下来。著名建筑学家郑孝燮于1990年考察该村后说:"坞堡是建筑学上一种艺术语言和形制,

临汾市

西中黄城里院

春秋楼

西中黄是我国极少的建筑典型，可称'华夏第一堡'。"走遍大江南北，砖筑城墙的村堡尚无二家，其造型之美，工程之大，堪称华夏农村第一城。西中黄的抬阁，相传起源于明嘉靖年间，一开始本是进行祭神的一项活动内容，后渐渐发展成一项群众喜闻乐见的民间社火活动。它根据不同的表演内容，分别用优质的钢材或木材通过拐、棍、卡、扎等方式，加工成高约3米的造型并组合在一方形的底座上，上面由少男少女装扮着不同的角色，底座上横插两根木杠由四人相抬而得名"抬阁"。西中黄抬阁的艺术特色表现为气魄雄伟、制作精巧、造型别致、美观大方。一般每个抬阁都会表现一个不同的内容，大多以戏剧或民间传说为主，同时也视不同年代穿插一些具有时代内容的题材，是一种集戏剧、杂技、舞蹈、美术、音乐为一体的民间艺术。

图①②站在城墙上望村庄

阳光穿透高大皂角树斑驳地洒在城里院的地面上

西中黄明清建筑成群，有代表性的是城里院、七椽院、旗杆院，其中城里院最有代表性。这是一座由张氏家族建造的西中黄的"城中城"，始建于明崇祯六年（1633），创建者是张氏族人张𬭚化，时任关西副使。城高9米，宽1.4米，周长192米；城上有垛口、射口、石墩等，在大院的四个角还建有防盗、防寇的望楼，这一城中城在西中黄村显得格外引人注目。城里院的正门开在南城偏西，门额石刻"进士第"。城里院为三进院，前院在南墙下由西向东建廊房5间，连接高楼。阳光穿透院里高大皂角树斑驳地洒在地面上，砖雕影壁恰好辉映其中，不由得让人想起"时光未央，岁月静好"。二门内为正院，有正厅5间和东西厢房各3间，正厅高悬"孝友堂"匾。堂下有门，直通后院。在正厅前廊下，东西墙壁各开一门，东门额书"拥和"二字，门内有小院，建北房三间，南通望楼。西门额书"护祥"二字，门内为西院。后院东、西、北三面建房，南通望楼，现城里院

城里院北房"孝友堂"匾

高墙大院　　　　　　　　　　　　　城里院石额

城里院后院　　　　　　　　　　　　城里院正厅孝友堂

正院为西中黄村委会，后院是村卫生所。

　　村子北门内保存有一座井房，墙壁上镶嵌有一块宽40厘米、高77厘米石碑，题名为《穿井记》，落款为嘉靖二十四年（1545）。碑文记载了打挖这口古井的过程，因此可以断定老井的时间更为久远。

乡村民居

许村

入选第三批中国传统村落名录。

许村隶属于山西省临汾市霍州市退沙街道办,距霍州市区十公里,东依汾河与什林镇隔河相望。有国道穿村而过。

临汾市

范家大院大门

范家大院

师祖庙

古水井

许村 入选第三批中国传统村落名录。

许村位于霍州市西北部10公里处，东临汾河，西依吕梁（东脉）风水佳，108国道穿村而过。原称浒村，因紧临汾河而得名，意为水边的村子。后因汾河洪水泛滥，村庄饱受水患侵害，当地百姓希望能彻底根绝水患，于是将"浒"字去掉三点水，改为"许"，许村由此得名。许村自古便为霍州通往汾西、蒲县、灵石、交口等地的必经之地，地处交通要津。自明、清至今，许村始终以朱、范、张三姓为主，古村落保护比较完整，传统建筑以民居建筑而驰名。民居建筑依山而建、错落有致、规模宏大，其中清代民居朱家大院保存完整，最具特色。风格新奇的朱家大院，始建于民国时期凸显中西建筑风格的范家大院，历经多年至今仍为人们服务。

修复一新的师祖庙对面是村里的戏台。村正中有一口古水井。古井清澈见底，四季都不干枯。井口宽度不足一米的圆形古水井，昔日曾是许村老小的生命之源。这口古井现在依然在使用中。徜徉于古村中，很容易陷入岁月的沉思。窄窄的小路，缓缓伸向岁月深处，古老的情怀弥漫在空气中。

走过一座已破败但仍很高大的木雕门楼，进入门楣砖刻有"锡纯嘏"的拱形大门，闻着犬吠走过几米窄巷右转，眼前豁然开朗：红艳艳的辣椒、金黄的玉米棒子、笸箩里晒干的豆角、红小豆……这就是建于民国初期的范家大院。范家人外出求学、做事得多，接受新生事物快，见多识广，所以在建造范家大院时，将其房舍窗户按西欧建筑风格建造，使其四合大院中西结合，别具一格。范家大院由范家"西山虎"修建。

419

朱家大院全貌

院里的一方天地

木雕厦棚残留和砖雕五福临门的大门

朱家大院一角

上百年历史的四合院

临汾市

朱家大院中院

朱家大院上门

朱家大院正门

朱家大院为明末清初我国北方典型的四合院砖木结构建筑，系明太祖后裔的豪宅。明太祖朱元璋十三子朱桂之八子朱逊炓天顺五年（1461）由怀仁王改封霍王，即为霍州朱家始祖。霍王共十二子，分为十二门，许村朱家为朱十门直系。据大院主人说："祖上是农耕种地和做生意，并无官宦。"霍王朱逊炓第十三代子孙朱连科在河南、陕西等地方做生意开当铺。将近暮年的朱连科于清道光初年开始营建朱家大院，依山而建，主体建筑分为上、中、下三层。各层均有大门出入，各层内设台阶楼道通连。每层主体建筑皆为坐西朝东靠山砖窑，外设抱厦回廊。抱厦均为4根檐柱，阑额或浮雕花草鸟兽，或悬雕人物形象。各院窗棂图案以传统民间喜宴"四盘子一锅子"为主调却又富于变化，并不雷同。上院南北两侧为厦房，面阔各三间，外有走廊。南房为朱家小姐绣楼，东端一间向南开一个六角形天窗，位置正在中院大门的顶上。中院为四合式大院，南北两侧皆为窑洞。南侧东端窑洞，便是中院大门门洞。中院大门为主体大院的出入正门，外有木雕厦棚残留，有火烧痕迹但气势犹存。门洞拱圈内砖雕祥云和五只蝙蝠向门洞飞舞，传达着五福临门的美好意愿。中院、下院又与各院通连。中院为书院，大门坐东朝西，为砖砌拱形门洞，门楣额头镌刻"履亨衢"三字。下院又称长工院，为二进院落。朱家大院的炉灶烟道，设计独具特点。主体大院炉灶70余个，全都汇合到总烟道里，从上院后边山坡顶的大烟囱里排出炉烟。各炉灶同时生火，既互不影响，又不会因下院产生烟雾污染中院、上院。朱家大院的门额牌匾，有一个显著特点，字体优美圆润，柔中有刚，而不少字或比通常写法多横多竖，或少横少点。如上院大门楣框内镌刻"最上乘"三个字，"最"为异体字，却比本字多一横；"乘"用异体字，却将下部一撇一捺写成两边各一点。

师家沟村

入选第一批中国传统村落名录。

师家沟古建筑群是全国重点文物保护单位。

师家沟村隶属于山西省临汾市汾西县僧念镇，距汾西县城五公里。依山就势，错落有致。

黄土高原上逐层升高的古民居建筑群

师家沟村 入选第一批中国传统村落名录。2006年,"师家沟古建筑群"被公布为全国重点文物保护单位。2008年,汾西县僧念镇师家沟村被公布为"中国历史文化名村"。

师家沟村位于山西省汾西县城东南5公里处。从汾西县城驱车向东南方向穿过几多沟沟坎坎,一片湮没于黄土中、鳞次升高的古民居建筑群便悠然呈现在眼前。它三面环山,北高南低,南临河水,避风向阳。它依山就势,错落有致,鳞次栉比,呈阶梯状。该村《要氏族谱》记载:"观其村之向阳,山明水秀,景致幽雅,龙虎二脉累累相连,目观心思以为久居之地面。"站在黄土高原上望着村庄,古老、神秘、幽静。

村中主要有师姓和要姓两大家族。师家沟以师族为首,师家是一个以农耕为业的农户家庭。清初,从第三代开始由于在经商、经学方面的业绩,师家成为当地的旺族。第五、六代中通过捐纳和求学有11人获得监生、贡生等功名,获得六品、七品、八品、九品等官衔的也为数不少,师家的社会地位有了极大提高,师氏家族成了官与商的结合体,反映了当时的社会特征。民居为商人师法泽所创建。创建于清乾隆三十四年(1769),历经嘉庆、道光、咸丰诸朝,并于同治年间进行了扩建,占地面积约10公顷。师家沟村在清代享有"天下第一村"的美誉。大院虽历经240多年风雨剥蚀,由于地处偏僻山村,得以在动荡与战乱中幸存,至今保存完整。

临汾市

鸟瞰师家沟

①

②

③

图①~③ "成均伟望"院

静静地行走在楼上楼、院中院的岁月烟尘里

院落是整个师家大院建筑群的精华所在。师家大院的院落以传统的四合院为主要形式，整个村落既有水平方向的空间穿插，又有垂直方向的空间渗透，充分体现出丘陵沟壑区依山就势、窑上登楼的特点，又融入平原地带多进四合院的空间布局，有效地解决了由于地形限制对扩建宅院的需求。师家大院没有采用山西明清官商常用的城堡式民居结构，而是采用分散式的独立布局，每个家庭均有自己的独立院落，有相对的私密性。矗立在村口建于清咸丰年间的牌坊伟岸沧桑。这是一尊"节孝牌坊"，虽然历经百余年岁月的洗礼，有些部位已显残破，但却丝毫不减当年的威武雄姿。相传师家子孙师自省39岁时不幸染病身亡，当时年仅30岁的妻子赵氏和25岁的张氏，恪守妇道，并未改嫁，一直侍候公婆、养育儿女，非常辛苦。其后人师丙成官场得意，呈报皇上敕准，建造了这一"节孝牌坊"。牌坊周身雕刻着猫、象、葫芦等灵物，想当年一定是无比荣耀。据牌坊上所刻的字样可知，石牌坊建于清咸丰七年（1857）。古老幽静的师家沟透过这座斑驳的石牌坊，首先让人感到了历史的厚重。

岁月的沧桑在这些斑驳的墙上留下了深深印痕

清咸丰年间的节孝牌坊

砂质条石铺就的人行道绕村而行

民居由下而上，行走在楼上楼、院中院你会不断惊叹木雕砖雕石刻的精致细腻，神韵非常。该建筑群共有大小31个院落，以四合院、二进四合院、二楼四合院、三楼四合院为主体，分别设有正房、客厅、偏房等，并用传统的圆门、耳门等相通，布局自然，整个建筑浑然一体。大院集砖雕、木雕、石刻艺术为一体，现存门额、门匾、木刻牌匾153处，砖刻牌匾47处。这些雕刻精致细腻，艺术精湛。

古村的道路也是四通八达，一条砂质条石铺就、长约1500余米的人行道绕村而行。路面下筑有排水洞和各院相连，岁月的沧桑在这些斑驳弥久的巷道上留下了记录过往的深深印痕。

牌匾字迹功力深厚，刚劲有力，尤其是"南山寿""务本""理达""敦本堂""清白家风"等牌匾，风格独特，神韵非凡，实为难得的书法艺术精品。

西安科技建筑学院在考察报告中这样描述："师家大院是在避风向阳、冬暖夏凉、节能节地、天人合一的生态理念中产生的。"

"成均伟望"是垂花门上悬着的匾额内容，意指师氏第六辈"成"字辈族人，皆成就伟望，事业出人头地。垂花门木雕精美，牡丹花中既有喜鹊，又有骏马官人，还有小狮子，寓意大富大贵。雕刻琴、棋、香炉、书、画，表达了师家乃书香门第。通过小巷道后豁然开朗，这里是师家窑洞大院。主院正房比地面高出近一米，中间和两侧都有台阶。正房是五孔靠崖窑，三明两暗，因为窑洞没有能遮风避雨的出檐，所以窑洞前建造了木结构的檐廊，用精美的木雕及彩绘装饰。整个大院的门窗装饰也很精美，我们去的时候正好是秋天，院子里晒着高粱、花生、辣椒，一派浓浓的乡土气息。屋顶为二层院落，二层院落楼上是绣楼。

运城市

省辖地级市，地处山西西南部，北依吕梁山与临汾接壤，东峙中条山和晋城、河南济源毗邻，西、南隔黄河与陕西渭南、河南三门峡及洛阳相望。唐尧建国、舜都蒲坂、禹都安邑以及夏的都城均在运城。2017年12月，运城获2017中国特色魅力城市200强。

光村

入选第一批中国传统村落名录。

光村隶属于山西省运城市新绛县泽掌镇，距新绛县城二十公里。光村古村落有三千多年的历史。

运城市

民居大院

光村 入选第一批中国传统村落名录。

新绛县泽掌镇的光村，位于新绛县城以北 20 公里处，坐落于吕梁山脉姑射山南麓，是一个文物古迹遍地、文化底蕴深厚、极具研究价值的传统村落。

光村历史悠久，早在新石器时代，这里就有人类繁衍生息。古村落形成于东周战国时期，北齐时（约 550 年）今村址上空夜显昼光，吉兆上报朝廷，得以赐名光村。村内现存有国保文物单位 1 处、省保文物单位 1 处，市、县级文保单位 30 余处，国家级非遗——绛州澄泥砚生产基地也在该村。村内的遗址、寺庙、舞台、祠堂、民居等建筑都十分独特。

光村的村落空间格局是：中轴线以城门为端点，沿对角线分布，西北、东南方向为主线，东北、西南与之相交，仍以四座城门为端点，又恰好构成村正方形的中宫（按书法九宫格），整个村落是一幅完整的深厚望图，四座城门皆为图眼。村落形态方正，四周围以城墙，密植杨树，整个村居的规划设计理念可概括为八个字：尊祖、承贤、发展、成才。并将这四点厚望分别按"乾元、继照、广汉、大武"，体现于四座城门。

福胜寺彩塑 　　　　　　　　　　　　　　　　福胜寺大殿

光村新石器文化遗址

福胜寺山门

福胜寺大殿后二层建筑

殿内塑像

运城市

福胜寺后院

光村最北端的玉皇庙建造年代久远,规模不大但秀气规整

福胜寺老树年代久远

遗址位于光村西北100米处,是新石器时代仰韶文化期遗址,面积约0.5平方千米,系山西省重点文物保护单位。始建于唐贞观年间的福胜寺坐落在村北,是全国重点文物保护单位,占地5亩。大殿北面悬塑童子拜观音,整幅图案碧海苍天、祥云福霭、童子天真、菩萨祥和,尽显雕塑手法之精湛,为绝无仅有的稀世珍品,属国家一级保护文物。三佛洞大院东西两殿供奉着廉颇和蔺相如。廉、蔺得以与佛祖共享香火,全国仅此一家。另外,村里还有北雄山、玉皇庙、半截塔、通灵碑、子母池、火神庙、碑顶柏等文物古迹。

2001年被定为全国重点文物保护单位的福圣寺始建于唐代,后经多次重修。

运城市

全国重点文物保护单位福胜寺

1961年侯马市人民委员会立的文物古迹保护标志

民居建筑造型别致。村里有高阁楼14处，大大小小四合院150余处。可以说是星罗棋布：或处于大道之旁，或建于深巷之中；大则占地数亩，小则不过数丈，独家独院；或数院相连，且每座院落均有名称。如赵家十八座大院，赵家大货院（分为大庭院、小庭院）、二货院、三货院、薛家大院、四穿院、黑门院、南楼院、北楼院、北当铺院、南当铺院、钱铺院、旮旯院、泊池岸院和范家铁丝大院等等。光村各院落的木雕、砖雕工艺古朴典雅，玲珑剔透，令人称绝。

清同治年间的石刻

光村整体空间格局内容不仅仅是村落本身，还包含其周边的自然山水、建筑物等。闻名遐迩的"光村八景"（福胜寺、会仙楼、半截塔、通灵碑、北雄山、通天桥、字母池、碑顶柏），就是反映光村村落文化的山水风景画。这八景描述了与村民生活息息相关的人文与自然，同时也涵盖了村落的文化底蕴。光村像一颗璀璨的明珠，点缀在古绛大地，熠熠生辉。

图①~⑫各式各样的门

泉掌村

入选第四批中国传统村落名录。

泉掌村隶属于山西省运城市新绛县泉掌镇，距新绛县城十八公里。古称桃园。历史发展的每个时期，泉掌村几乎都有相应的历史遗存作印证。

存留城墙遗址

练兵场概貌

运城市

泉掌村 入选第四批中国传统村落名录。

运城市泉掌镇泉掌村，古称桃园，地处历史悠久、文化积淀深厚的河东平原，新石器时代就已有人类活动的踪迹，有文字记载的历史可追溯到2700余年前。历史发展的每个时期，几乎都有相应的历史遗存作印证，特别是地下文物极其丰富：新石器时期的泉掌遗址；春秋战国时期的灵公台；秦汉时期的城墙遗址、汉代墓葬群；明清时期的关帝庙、州官墓、古驿道、古商铺等。

灵公台遗址

城墙墙体

泉掌村除了在广阔的镇域范围内分布有大量历史遗存外,更是在泉掌村中保留有一片整体风貌较为完整的历史街区。这里整体空间布局独特,一条东西走向的古驿道斜插入村,与新开通的南北走向的大街共同构成了"十字形"主干路骨架。历史街区内还分布有众多保存完整的民居院落,如卢家院、许家院、赵家院等,尺度宜人的巷道空间也依然存在,整个街区的原貌得到了很好的保护。

泉掌村历史悠久,流传甚广的手工艺有许多,包括麻绳、柳篮、簸箕、土布织作、布艺老虎、豌豆糕的制作等,尤其是泉掌豆腐、豆腐干更是闻名遐迩。

泉掌村的民俗文化活动十分丰富,包括地方节日、地方曲艺、宗教信仰等。在地方节日中,最为著名的莫过于每年正月的社火演出,这是对地方传统艺术的集中展现。具体形式有宫廷乐舞、吹弹、走马、旱船、抬阁、少儿秧歌、女子锣鼓、二鬼摔跤、龙灯、甩龙鞭、高跷(泉掌拐子)等。其中的宫廷乐舞、吹弹为泉掌镇所独有。同时,泉掌村举办30岁成人礼的习俗,也极具地方特色。

①泉掌大戏台
②柴家院院落
③党家院入口及小巷
④泉掌村内驿道南侧
⑤丫字相交
⑥丁字相交
⑦党家院院落
⑧党家院农具

①孙家院门楼　⑩泉掌周边古驿道
②秦家院入口　⑪泉掌关帝庙龙柱
③古驿道西段　⑫秦家场院大门
④娘娘庙　　　⑬灵公台台阶
⑤灵公台遗址　⑭泉掌驿道东段
⑥灵公台遗址牌⑮孙家院院落
⑦泉掌关帝庙　⑯三结庙
⑧十字相交　　⑰秦家场院住房
⑨卢家院落　　⑱卢家院落
　　　　　　　⑲泉掌村内驿道北侧

①闫家院院落
②赵家院落
③赵家院入口
④店铺后的院落
⑤赵家院食堂
⑥闫家院院落
⑦老店铺的正面

运城市

南堡村

入选第四批传统村落名录。

南堡村隶属于山西省运城市垣曲县历山镇，距垣曲县城四十九公里。南堡村民居多建于晚清至民国时期，在平面布局上保持了北方传统四合院的形式。

村中通道门洞

运城市

南堡村

入选第四批中国传统村落名录。

南堡村紧靠垣曲县历山镇政府，过去与镇政府所在村被称为上下二堡，距县城49公里。全村335户，分四个居民组，1237人，耕地面积1177亩，其中水地800亩，属典型的农业区。本村的主导产业是核桃、小麦、苗木、药材等。

南堡村内保存了大量的古民居。这些民居多建于晚清至民国时期，在平面布局上保持了北方传统四合院的形式，材质以青砖为主。现存的古院落，大致都有精美的木雕、石雕、砖雕。雕刻的内容多种多样，有几何图案。村内完整保留下来的民居主要有南堡1、2、3、4、5号民居院落等。

南堡北城门楼遗址东西长约30米，南北宽15米，分布面积450平方米。创建年代及原布局不详。现存碑刻1通，清道光十一年（1831）四月立碑，碑刻青石质，圆首，通高1.2米，宽0.7米，厚0.11米，阴刻楷文，13行，每行31字，王□丹撰文，王作相书丹。南堡济众桥长19米，宽4米，总面积76平方米。桥身石砌，桥面铺石。高约3.8米，拱洞东口之上砌石雕螭首，西石砌石雕螭尾。附存有明嘉靖七年（1528）"重修济众桥记"碑刻1通，记载了此桥兴建的历史。居住的居民主要是王姓、杨姓和马姓。

南堡村是垣曲县革命老区重点村，早在1937年就有王珍、王瑾等党员开始革命活动，1938年5月南堡建立了村党支部，当时党员发展到10人，是垣曲县建立党支部较早村之一。1938年春，垣曲县第三区召开征兵会议，南堡村就有7名热血青年积极响应，报名参军，加入了八路军115师。之后，他们转战于山东、苏北等地，其中3位同志牺牲在沂蒙地区。在当时情况下，南堡一个小村一次出这么多青年参加八路军，很了不起。

民居小巷互通

济众桥

济众桥龙头

济众桥碑刻

运城市

①老门楼
②老门楼木雕
③老门楼
④村中新景
⑤传统民居
⑥二道门
⑦传统舞龙

西庄村

入选第四批中国传统村落名录。

西庄村隶属于山西省运城市新绛县北张镇,距镇政府三公里。西庄村历史悠久,文化底蕴深厚,古民居、古建筑布局精巧、错落有致,传统乡村文化特色鲜明。

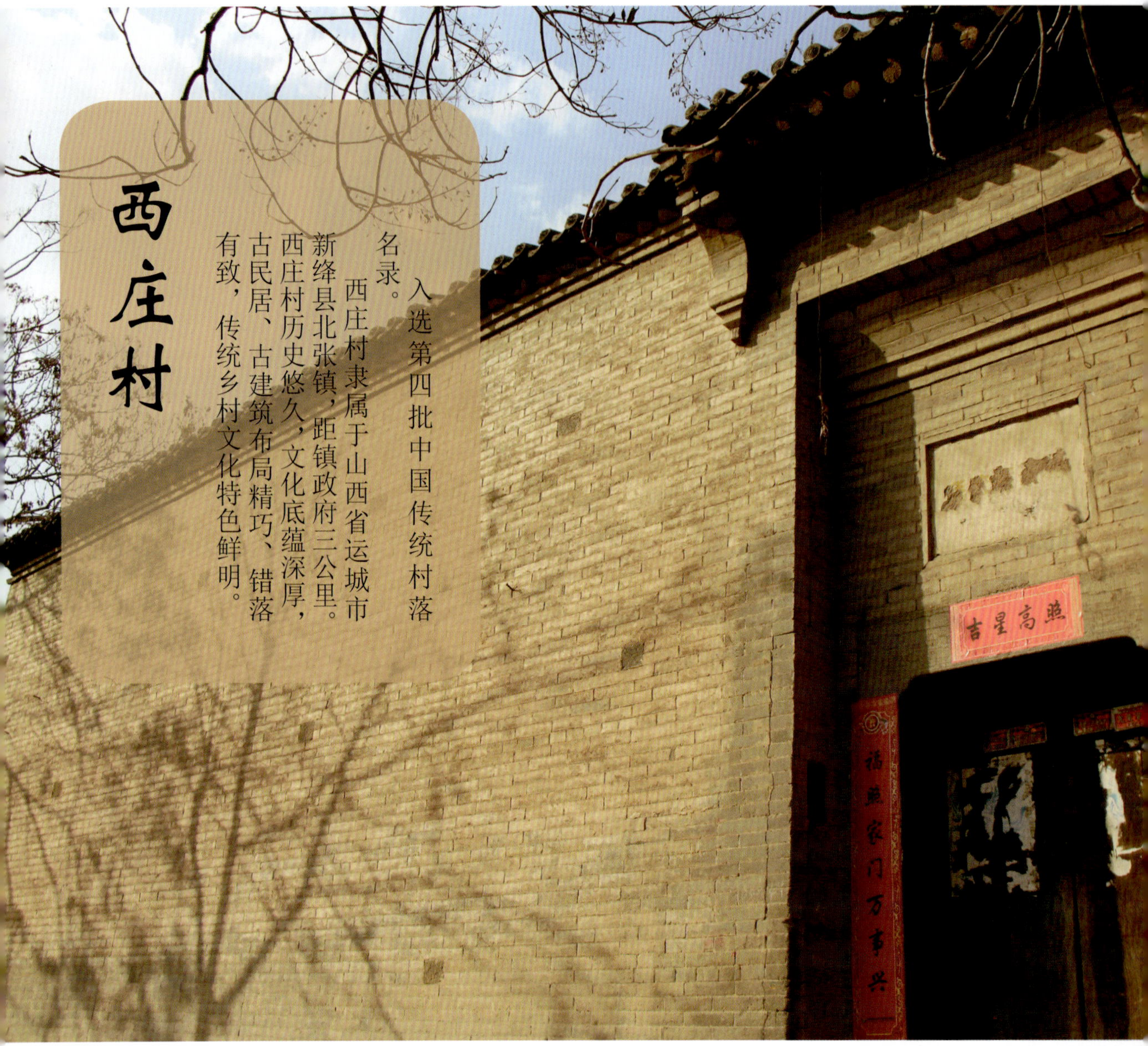

西庄村 入选第四批中国传统村落名录，位于运城市新绛县北张镇政府以北3公里之马首山下，与北张村、北杜坞村相邻，现有8个居民组，748户，耕地面积5485亩。西庄村历史悠久，文化底蕴深厚，村内的古民居、古建筑布局精巧、错落有致，具有传统乡村文化的鲜明特征。

据村内老人回忆，西庄村又称卧牛村，原城墙内部为牛身，其余村落组团分别对应东牛耳朵、西牛耳朵和牛尾。从整体布局上看，可以分为"一场一村一庙一阁"，"一场"即村西石渣场（也称石头城，现已消失），"一村"即村中民居聚集区，"一庙"即村东关帝庙，"一阁"即魁星阁。从村内街巷的走向看，可概括为一纵两横"π"字形，枝叶伸展"丁"形图："一纵"即西大路，连接北门和小南门；"两横"即北巷（原北街）与中街（原南街），"丁"形图即生活性街巷大多呈"丁"形伸展，并且在"丁"字交汇处多建有天地庙，其中一座就建于清光绪五年。从古民居的分布特点上看，可总结为同姓聚集，界线分明，即以家、曹、张三大姓氏的家族家庙为核心成片聚居，彼此之间界线分明，体现了浓厚的宗族文化思想。

西庄的门楼建筑很有特色，尤其是照壁的建造，设计巧妙、建造精良，足以反映出西庄石匠工艺和木匠制作的高超水平。像这样集中展示门楼的村落并不多见。

运城市

精美的装饰

①~⑤装饰不同的街门

建造精良的砖瓦房

目前,西庄村的古建筑和古民居主要有两处:一是魁星阁,始建于清乾隆年间,距今超过217年。魁星阁为砖石土木结构,共3层,总高33米。阁基平面呈方形,东西长9米,南北宽8米,占地面积72平方米;东北—西南走向,既照应村庄,又远观神州,是县级重点文物保护单位。二是清代民居家氏大院,始建于清乾隆年间,东西长57.5米,南北宽123.5米,占地7100平方米。共分为三大街院,其中二街院保存较好。二街院由正院、客房院和牛院三部分组成,特别是在客房院南墙影壁上,还雕刻着明末清初文学家朱伯庐写的《朱子治家格言》,其纹饰精美、书法精湛,令人叹为观止。这件石雕作品,也可以从一个侧面反映出西庄村石雕产业之发达。据史料记载,西庄石雕起源于明朝中期,历经五百多年,世代相传,经久不衰,自古享有"绛州美石雕"之称。至今,全村仍有120多个石雕加工户,常年从事石雕工艺生产的超过1000人。

四合院中的二层民居

运城市

大型砖雕影壁

客房院南墙影壁

二进院的门口

街门装饰

北阳城村

入选第三批中国传统村落名录。

北阳城村隶属于山西省运城市稷山县清河镇,距稷山县城十六公里。村中有全国重点文物保护单位北宋宝元二年的七级方形砖塔,国家级非遗项目阳城高跷走兽艺术。

八路军北上抗日驻地旧址

四合院

大户宅门

民居影壁

图①~④门头砖雕文字

北阳城村 入选第三批中国传统村落名录，位于稷山县城东南端。阳城村分为南阳城、北阳城。

稷山县清河镇北阳城村地势东高西低，沟壑纵横，气候温和，土地肥沃，水源充足，生产麦棉。按照风水理论，这里具有"塬势之藏纳"与"地势之高燥"的自然环境。北阳城是一处凝结在"穴"的村落和朝向，是理想的居住环境。难怪北阳城的先祖们在此"以一身而兴户口之繁"。

阳城村是个古老的村庄，有着数千年的历史和深厚的文化积淀，是华夏农耕始祖后稷教民稼穑的地方，至今仍保留着古县邑高梁城遗址。

公元前594年，晋侯治兵于稷，以略狄土，即在此地。其后，魏王豹在此屯兵，筑建太阳城。到了两汉时期，在此置稷山亭。北魏太和十一年（487），孝文帝在此置高凉县和高凉郡的治所，修筑高凉城。到唐宋时期，此地名称为"阳城村"。其后该村人丁兴旺，到明末清初时，分成为南、北阳城二村。

据75岁村民吉炳山介绍，北阳城村有三宝：

（1）全国重点文物保护单位，建于北宋宝元二年（1039）的七级方形砖塔；

（2）国家级非物质文化遗产项目阳城高跷走兽艺术；

（3）2014年北阳城村列入第三批中国传统村落名录。

杨家会堡遗址　　　　建于北宋宝元二年的七级方形砖塔

高跷走兽艺术是山西省稷山县清河镇北阳城村庙会文化活动的一种传统舞蹈形式。它盛行于清朝雍正初年，出现在规模盛大的庙会活动中，经久不衰，至今已有三百多年的历史。它是由两人表演的连体高跷，将人与兽巧妙组合，精心装扮，演绎一个个美丽的神话传说。阳城庙会的高跷走兽艺术于2006年入选国家级第一批非物质文化遗产保护项目。

北阳城村古民居在院落布局上尊崇阴阳法则，以验证《易经》"一阴一阳谓之道"的哲理。在形态上由四周房屋围合，构成外"实"内"虚"的一对阴阳关系。北阳城村古民居现存30余座，祠堂2座，皆为清代建筑，最早建于清顺治四年（1647），最晚建于清宣统三年（1911）。

火神庙内依然留有当时所绘壁画，外墙上有当年日军侵华时留下的累累弹痕。

锣鼓表演

国家级非物质文化遗产项目《阳城高跷走兽》表演

花攒梅院（段氏民宅一号院）是段家在清光绪十一年（1885）修建的，距今已有100余年；东房和南北厢房各三间，进深二椽，单檐式砖木结构，房门前均装有门罩。据村民吉炳山老人讲，西房的主人在离开本院时将西房拆掉了，现在西房的位置搭成了一个简易的储藏室。院落大门一间，门楣书"钟秀"二字；院落四角设四门，分别刻有"安命、守分、树滋、吉庆"。院落门楣的砖刻文字有"敦本务实""凝香瑞""履泰""敦伦"等，笔体丰润大气浑厚，表达了吉祥和崇尚一切以实际为根本，脚踏实地注重伦理的思想。

七级方形砖塔内嵌有石佛题记。该塔由北阳城村村民解武为其母奉佛建造，建于北宋宝元二年（1039），至今已有900多年历史，为七级方形砖塔，高5米。塔基嵌有1尊释迦牟尼石佛像，塔身由下往上逐层收缩，形如锥体。2004年6月，该塔被公布为山西省重点文物保护单位。2012年该塔被公布为全国重点文物保护单位。

寺庙建筑不仅是村民祭祀的场地，也是村民公共活动的场所。北阳城村现有稷王庙、火神庙、龙王庙、白衣庙、观音堂、观音财神庙等。据《火神庙重修后记》：火神庙约建于清雍正初年，自建庙之日起香火不衰……火神庙内依然留有当时所绘壁画，外墙上有当年日军侵华时留下的累累弹痕。

运城市

白衣庙

火神庙

火神庙

木雕装饰

五花攒梅院

清河镇首届桃花节

稷王殿

观音堂

关公庙

戏台倒映于村中的水塘

1936年9月6日，朱德总司令、任弼时政委、左权副参谋长率领八路军总部从陕西云阳镇出发，9月18日抵达山西省稷山县北阳城村，总部机关就驻在这座清代四合院"玉成院"内：正房三间设为指挥部，两侧耳房设为通讯部，任弼时和左权分别住在东西厢房办公。朱德总司令住在当时"当铺院"的一个院落，康克清住在"恩生院"，总部文工团还在北阳城舞台为群众演出了节目，动员群众支持抗日，参加抗日。左权副参谋长在晚上思念家人，写了一封热情洋溢的革命家信，鼓励在后方的亲属艰苦奋斗，抗战到底。其信内容如下：

叔父：

你六月一号的手谕及匡家美君与燕如信均于近日收到，因我近几月来在外东跑东（西）跑，值近日始归。

从你的信中已敬悉一切，短短十余年变化确大。不幸林哥作古，家失柱石，使我悲痛万分。我以己任不能不在外奔走，家中所持者全系林哥，而今林哥又与世长辞，实使我不安，使我痛心。

叔父！我虽一时不能回家，我牺牲了我的一切幸福为我的事业来奋斗，请你相信这一道路是光明的，伟大的，愿以我的成功的事业报你与我母亲对我的恩爱，报我林哥对我的培养。

卢沟桥事件后迄今已两个月了，日本已动员全国力量来灭亡中国，中国政府为自卫应战亦已摆开了阵势，全面的战争已打成了，这一战争必然要持久下去，也只有持久才能取得抗战的胜利。红军已改名为国民革命军。我们的先头部队早已进到抗日的前线，并与日寇接触。后续部队正在继续运送，我今日即在上前线的途中。我们将以游击运动战的姿势，出动于敌人之前后左右各个方面，配合友军粉碎日敌的进攻。我军已准备着以最大的艰苦斗争与日本周旋，因为在抗战中，中国的财政经济日益低落，在持久的战争中必须能够吃苦，没有坚持的持久艰苦斗争的精神，抗日胜利是无保障。拟到达目的地后，再告通讯处。

专此敬请

福安　侄自林
九月十八日晚于山西之稷山县
两位婶母及堂哥二嫂均此问安

受人尊重的军属院

夫子庙

火神庙的外墙上有当年日军侵华时留下的累累弹痕

马跑泉村

入选第三批中国传统村落名录。

马跑泉村隶属于山西省运城市稷山县西社镇,距稷山县城二十公里。村庄整体建筑布局从山上往山下延伸,群山环抱间感觉是别有洞天的世外桃源。

抗战时期闻喜县民主政府所在地

马跑泉村 2014年11月入选第三批中国传统村落名录。

马跑泉村位于运城市稷山县西社镇马家沟村西2.5公里吕梁山支脉姑射山腹地晋家峪峡谷中部，东面是云丘山风景区，西面是蟠龙峰。晋家峪在稷山县最北端，是吕梁山南麓的一个峡谷。这里三面环山，背靠陡山，依山而建。村庄整体建筑布局分为上下结构，从山上往山下延伸，现大部分居民已迁至山脚下。

沿着曲曲折折的道路来到马跑泉村，群山环抱间感觉是别有洞天的世外桃源。山谷中，这个美丽的小村庄古老而又宁静，山上的森林郁郁葱葱，天空湛蓝深远，鸡犬相闻袅袅炊烟，浓郁的山村风情，空气清新润甜。

马跑泉村相传始建于唐代，形成于清代。马跑泉村名的由来更是充满了奇幻。传说隋末李渊太原兵变，其子李世民作为先锋四方征战。一场战斗中，隋军主力勇猛，李世民兵败后从晋家峪往北逃窜。部队逃进峡谷里，三面环山，正值午时，人饥马渴烈日高悬，其坐骑白龙马仰首嘶唤，然后奋蹄刨山，一蹄、两蹄、三蹄……不一会儿，地上的泥土湿了一大片，大家七手八脚在大白马刨的地方挖起土来。嘿，喷涌而出一股清泉。将士们饮甘泉精力倍添，翻身上马杀敌万万千。因为有了泉，沟里就有了人烟，人们为纪念李世民把此地起名马跑泉。如今，马跑泉依然流着一股清澈的泉水，是村民主要的生活用水来源。

在土地庙旁有一棵5个成年人才能合抱住的大槐树，据树牌介绍为隋槐。

运城市

深秋的村庄，古朴中带着荒凉

古树下已经翻新的老房

观音庙　　　　　　　　　　　　　土地庙

明代古戏台　　　　　　　　　　　隋槐

三层的民居

韩大爷的牲口房

火红的柿子晾晒在院的中央

古老而又宁静的马跑泉村

民居建筑群沿山势逐层营建

马跑泉村民居就地取材，属山地民居类型。民居建筑群沿山势逐层营建，共六层，错落有致，高低落差100余米，用狭窄曲折的石板路贯通，形成一个系统完整的立体式建筑群，构成了一道道亮丽的风景。

单个民居有两层的，也有三层的，这种风格独特的立体式乡土建筑，完整保留了稷山古老的传统与民俗，真正体现了人与自然和谐相处。夕阳下，石砌的墙，杂乱的绿，寂静的巷道石板路，去走走逛逛，信手摘一个熟透了的红柿子品品岁月的红火甘甜……

1938年，日寇占领稷山县城后，这里曾是抗战时期稷山、闻喜县政府所在地。这一带先后集结了众多抗日武装力量。

闻喜县国民政府于民国二十八年（1939）进驻马跑泉村办公，曾更村名为"马保泉"，以示保卫家园。抗战胜利后迁走。

乡亲们过着日出而作、日落而息的生活。热情好客的韩大爷领着我们在村里拍照。村中夜不闭户，路不拾遗，至今还保持着原始的古风古貌。

闫景村

入选第四批中国传统村落名录。

阎景村隶属于山西省运城市万荣县高村乡，距万荣县城二十五公里，主要建筑李家大院创建于清道光年间，是全国重点文物保护单位。

二层楼的四合院

运城市

李家大院院门

砖雕影壁

闫景村 入选第一批中国传统村落名录，是中国历史文化名村。

李家大院景区是国家AAAA级旅游景区和全国重点文物保护单位，位于山西省运城市区以北38公里处的万荣县闫景村。

李家大院创建于清道光年间，是清至民国时期晋南首富李子用的家宅，距今二百多年。原有院落20组，房屋280间，现存院落11组，房屋146间。李家大院（河东民俗博物馆）、万荣笑话博览园两大景区共占地近1000亩，建筑面积10万平方米，由古建区、仿古区、新建区、服务区、农业生态园五大部分组成。

规整的北方老宅院

深宅大院　　　　　精雕石狮

李家大院整体建筑为竖井式聚财型山西四合院,同时吸纳了徽式建筑风格。因李子用曾留学英国,所以部分院落为"哥特式"建筑,从而又呈现出中西文化交流融合的艺术特点。李家大院建筑的砖雕、石雕、木雕及铁艺等饰品,有晋南地区汉族民间多子多福、三星高照、五福临门、松鹤延年、耕读传家等吉祥含义,是南北融汇、中西合璧、三晋少有的豪宅大院,浓缩着汉族传统文化的深厚底蕴,有着极高的文化价值、艺术价值,为汉族地方特色民居中的独例。

运城市

门旁福寿寓意好

中西结合的院门

砖雕麒麟

门头斗栱

砖雕"善"字墙

李家大院内院门

465

后记
HOUJI

　　《中国传统村落三晋经典》终于付印了！这是两年多时间两万余公里行程，参与者带着深厚的感情用智慧和汗水培育出的硕果。

　　本书采用沿历史脉络，以村落寻访为主线，图文并茂的形式，在编辑过程中我们在地市首页还设计了11个市的印章，并以扫描封底朗读码的融媒体形式扩大本书的阅读范围，这在山西尚属首次。我们力图采用多种形式，将山西传统村落的完美信息呈现在读者面前。传统村落传承着中华民族的历史记忆、生产生活智慧、文化艺术结晶和民族地域特色，维系着中华文明的根，寄托着中华各族儿女的乡愁。我们以能为记录研究山西历史文化遗产贡献一份微薄之力而感到欣慰。

　　然而山西历史文化悠久厚重，传统村落精彩纷呈，我们书写和拍摄的也只是其中的一部分。仅以此，期待给社会大众提供登高望远的实景观念传递。希望您随着书中文字和照片的导引，看不厌一路的旖旎山水，品不尽一路的山西乡土文化独特魅力。我们期待从这些古老的泥墙、砖瓦、石雕、木雕、民俗、物产之中清晰地找到我们的精神家园。如今，在乡村振兴战略的大背景下，作为凝聚中华民族璀璨历史文化的"博物馆"，传统村落的价值日益被人们所重视。我们希望有更多的人参与到保护的行列，让这些传统村落的迷人之处能慰藉一颗颗现代人的心灵……

　　尽管经过了精心努力，但由于我们学养以及客观条件所限，本书难免有不足之处，衷心希望各位读者予以斧正。

　　本书作者王修筑篆刻了13枚印章和朗读了书中的11个村落的文字。

　　本书在调查、拍摄和写作过程中，得到了山西省建设厅总规划师翟顺河、山西省建设厅原副厅长张海、山西省委宣传部对外推广传播处胡芸、山西省旅游协会原会长毛晓彤、山西广告摄影学会会长张红兵、运城市旅游局贾红杰主任、平顺县文物旅游发展中心李卫东主任、世纪凤凰网摄影频道副主任郭广虎以及为本书航拍照片的马明标等领导、专家的支持、帮助和参与，在此一并感谢！

2018.12